"
3일에 한번
퇴근 후 3시간,
저녁 리추얼의 기적
"

떡볶이 먹는 의사

2025. 11. 10 초판 1쇄 인쇄
2025. 11. 21 초판 1쇄 발행

지은이 이경실 · **펴낸이** KS헬스링크 · **디자인** 김지훈 · **디자인 감수** 노동욱 ·
글꼴 김정철 명조, 함렡, 한림명조체, 한둥근체, 둥켈세리프, 프리텐다드

KS헬스링크
주소 경기도 성남시 분당구 매화로 51, 302-392호 · **전화** 070-4580-9365
팩스 02-6455-9365 · **이메일** kshealthlink@gmail.com

©2025 이경실
이 책의 저작원은 지은이에게 있습니다. 책에 수록된 도판은 지은이가 직접 촬영하거나 개별적으로 사용 허가를 받은 것입니다. 저작권법에 따라 한국 내에서 보호를 받는 저작물이므로 무단 전재와 복제를 금합니다. 정가는 뒤표지에 있습니다. 잘못된 책은 구입하신 곳에서 교환해 드립니다.

ISBN 979.11.991211.2.6

떡볶이 먹는 의사

이경실 지음

KS 헬스링크
연구소

프롤로그 : 떡볶이 먹는 의사

　그날도 유치원 하원 후부터 계속 연락하는 우리 꼬맹이를 보기 위해 최대한 빠르게 일을 마치려고 했지만, 결국 현실은 야근이었습니다. 퇴근길 지하철은 술 기운에 취해 즐거워하는 사람들과 저처럼 야근에 지쳐 퇴근하는 사람들로 만원이었습니다. 저는 그들의 사이에서 그날의 마지막 에너지를 쥐어짜 내어 핸드폰을 꺼내 들었습니다. 그리고 집에 도착하자마자 단 1초의 기다림도 없이 나를 위로해 줄 떡볶이를 먹기 위해, 흔들리는 지하철 안에서 필사적으로 배달 앱을 열었습니다. 화려한 떡볶이들의 사진을 보면서, 기대감에 잠시나마 기운이 나는 것 같았습니다. '오늘 하루 정말 고생했다, 진짜.' 주문 버튼을 누르는 그 순간, 비로소 진짜 퇴근을 했다는 느낌이 들었습니다.

10시 즈음 집에 도착해서 현관문을 열어 보니, 우리 집 거실은 마치 도둑이 든 것처럼 어지럽혀져 있었습니다. (다행히) 아들은 잠이 들어 있었지만, 그 옆에서 함께 자고 있는 남편의 모습을 보니 야속했습니다. 레고, 지퍼팩이 열린(!) 클레이, 도미노들로 너저분한 거실의 모습을 보니 더욱 그런 느낌이 들었습니다. '좀 치우고 눕지!'하는 생각에 순간적으로 짜증이 확 올라왔습니다. 내일도 아들을 봐 주실 이모님을 맞이하려면 집을 어느 정도 정리해 두어야 하는데, 그 일은 결국 제 몫이니까요. 그래도 빨리 치워야 떡볶이와 아이스크림을 편하게 즐길 수 있겠다는 생각으로 힘내서 정리를 하였습니다. 그리고 얼마 지나지 않아 초인종이 울렸습니다.

정신을 차렸을 때, 넷플릭스가 켜진 TV 맞은편에 앉은 제 앞에는 김이 모락모락 나는 새빨간 떡볶이와 꽁꽁 언 아이스크림 통이 놓여 있었습니다. 저는 마치 의식을 치르듯 아무 생각 없이 음식을 입속으로 밀어 넣었습니다. 바로 그때, 잠옷 차림의 여섯 살 아들이 거실로 나오며 저를 보고는 해맑게 외쳤습니다.

"오~ 의사가 떡볶이 먹네~"

현재 운영하는 유튜브 채널에서 "밀가루 음식은 줄이세요."라고 말했었는데, 남편과 아들은 이를 기억하고 있다가 제가 떡볶이를 먹을 때마다 늘 그것으로 놀리곤 했습니다. 하지만 평소 같았으면 웃어넘겼을 그 한마디가, 그날따라 날카로운 비수처럼 심장을 찔렀습니다. 순간 욱하고 화가 치밀어 올랐고, 저도 모르게 아이를 향해 날이

선 말을 내뱉고 말았습니다. 장난감을 안 치우고 잔 것을 빌미로 화를 낸 것이었습니다.

엄마에게 장난을 치던 아이의 얼굴에는 당혹감과 서운함이 서리면서 이내 울기 시작하였습니다. 그 소리에 잠에서 깬 남편이 나와서 왜 짜증을 내냐며 핀잔을 주었는데, 뭔가 억울하기도 하고 서럽기도 했습니다. 불쾌한 느낌이 명치부터 더부룩하게 차오르면서 배까지 아파졌습니다. 배달 그릇을 정리하면서 '또 먹어버렸네.' 하는 생각에 무력감이 들었고, 세상에서 가장 사랑하는 존재에게 상처를 주고 말았다는 생각에 죄책감도 느껴졌습니다. 그리고 남편에 대해 서러운 마음까지 들면서 감정이 걷잡을 수 없이 요동쳤습니다.

저는 항상 반듯한 태도로 환자들에게는 건강한 생활 습관을 강조하곤 합니다. 그런데 정작 밤이 되면 떡볶이 앞에서 무너지고, 가장 사랑하는 아이에게 짜증을 냈다가, 자는 얼굴을 보면서 사과를 합니다. 감정이 널뛰기하는 사람처럼요. 그날 밤, 저는 처음으로 진지하게 스스로 질문을 던졌습니다. 이것은 단순히 야식의 문제가 아니라 저의 하루, 저의 감정, 그리고 저의 관계에 대한 문제였습니다.

저 역시 처음에는 이에 대한 해답을 다른 자기계발서들처럼 '미라클 모닝'에서 찾으려 했습니다. 성공한 사람들처럼 새벽부터 일어나서 하루를 길게 쓰면, 이 모든 문제를 해결할 수 있을 것으로 믿었습니다. 하지만 결과는 처참했습니다. 전날 밤의 피로를 모두 해소하지 못한 채로 맞이한 새벽은 마치 지옥과도 같았고, 알람을 끄고 다시 잠들어 버린 저 자신의 저질 체력을 생각하며 더 깊은 자책감에 빠져들 뿐이었습니다. 그렇게 오랜 시간 동안 시행착오를 하면서 깨달았습니다. 문제는 아침이 아니었다는 것을 말이지요. 문제 해결의 비밀은 전날 밤, '퇴근 후 3시간'에 숨어 있었습니다. 이것이 제가 당신과 나누고 싶은 **첫 번째 약속**입니다.

'미라클 모닝'이라는 환상을 버리고, '저녁 3시간의 마법'을 경험하세요.

평범한 우리에게 하루의 모든 스트레스와 피로, 감정의 허기를 리셋할 수 있는 진짜 골든타임은 새벽 5시가 아니라, 저녁 8시부터 11시까지의 3시간입니다. 여러분도 3시간의 '저녁 리추얼'을 시도하고 훈련하면서 내가 진짜로 원하는 나 자신을 마주하시길 바랍니다. 저녁 리추얼은 단순히 짜증과 야식을 참는 기술이 아닙니다. 우리 몸을 위한 과학적인 '리셋 버튼'이자, 마음을 따뜻하게 돌보는 '회복의 시간'입니다. 이것이 바로 몸과 마음을 함께 돌보는 '몸맘케어'의 핵심입니다.

물론 매일 꾸준하게 하는 것이 어려울 수도 있습니다. 하지만 그렇다고 해서 자책할 필요는 없습니다. '역시 난 안 되는구나.', '내가 그렇지 뭐, 나는 역시 게으른 사람이야.'라고 생각하고 스스로를 탓하며 놓아 버리지 않는 것.

그것이 제가 당신과 나누고 싶은 **두 번째 약속**입니다.

매일 완벽할 필요는 없습니다. 최소 '3일에 한 번'이면 충분합니다.

우리 몸은 생각보다 훨씬 더 똑똑하고 관대합니다. 이틀 동안 회식과 야근에 시달렸더라도, 3일째 되는 날 단 하루만 '저녁 3시간 리추얼'을 온전히 실천해 보세요. 놀랍게도 우리 몸은 단 하루의 휴식 만으로도 지난 이틀 간의 피로와 스트레스를 회복하고도 남는 '회복탄력성'을 가지고 있습니다.

'저녁 3시간 리추얼'은 포기가 아니라 가장 현명한 전략입니다. '매일' 해야 한다는 강박에서 벗어나서, 실패에 대한 두려움 없이 언제든 다시 시작할 수 있는 자유와 용기를 줍니다. 그리고 근거가 있는 '과학'입니다.

완벽한 밤이 아닌, 다정한 밤을 만드세요.

우리가 함께 만들어 나갈 것은 '완벽한 밤'이 아니라 '다정한 밤'입니다. 3일에 한 번, 온전히 나를 되찾는 시간을 쌓아 나가다 보면, 우리의 삶은 이전과 비교할 수 없을 만큼 가벼우면서도 평온해질 것입니다.

「이 책은 떡볶이를 사랑하는 제가 과학과 의학을 통해 두 가지 비밀을 깨닫기까지의 길고 긴 여정을 기록한 것입니다. 저는 여러분에게 무작정 떡볶이를 끊으라고 말하지 않습니다. 그 대신, 떡볶이의 도움이 필요 없는 밤을 늘려가는 방법을 알려드립니다. 지친 하루를 음식으로 달래는 대신, 나 자신을 따뜻하게 안아 주는 법에 대해 이야기할 것입니다.

제가 안내해 드리는 여정을 따라 오시다 보면, 우리의 짜증과 죄책감, 그리고 체력저하는 의지박약 때문이 아니라 호르몬과 스트레스 때문이라는 과학적 진실을 깨닫게 될 것입니다. 그리고 모든 것을 바로잡을 힘이 바로 우리 안에 있다는 사실도요.

저는 확신합니다. 여러분께서 이 책의 마지막 장을 덮을 때, 떡볶이 앞에서 자책하는 대신 "오늘 정말 고생 많았어."라고 스스로 다독여 주는 진정한 '나의 밤'의 주인이 되어 있을 것이라고요.

자, 이제 저와 함께 짜증과 죄책감의 고리를 끊고 나를 되찾는
그 따뜻한 여정을 시작해 볼까요?.」

이경실 드림

목차

프롤로그: 떡볶이 먹는 의사	5

PART 1 / 문제는 아침이 아니었다, 퇴근 후 3시간의 비밀   14

1장 │ 밤 10시, 왜 나의 허기는 폭발하는가?	16
2장 │ 피곤할수록 왜 라면이 당길까?	25
3장 │ 야근 후 떡볶이, 육퇴 후 과자 한 봉지	33

PART 2 / 1단계 - 나를 위한 평온한 집 짓기   44

4장 │ 저녁 멈춤으로 평온의 터를 다지다	46
5장 │ 세상의 소음은 문밖에, 나만의 현관문을 닫다	56
6장 │ 소화와 휴식의 약속이 가벼운 내일을 세운다	70
7장 │ 완벽한 하루의 마무리, 가장 아늑한 공간에 불을 켜다	80

PART 3 / 2단계 - 따뜻한 집의 중심, 마음 돌보기   90

8장 │ 그날 밤, 나는 배고픈 게 아니라 화가 난 거였어	92
9장 │ 도파민의 밤에서 세로토닌의 밤으로	105
10장 │ 세상의 소음을 끄고 나의 감각을 켜다	115
11장 │ 어쩔 수 없는 그날, 호르몬의 파도 슬기롭게 타는 법	125
SPECIAL SESSION: 내 몸의 주기에 맞추어, 나를 돌보는 시간	134

PART 4 / 3단계 - 단단한 집의 기초, 잠 다스리기   **144**

12장 | 새벽 3시, 누가 나의 잠을 훔쳐 가는가?   146

13장 | 최고의 수면 도구는 '빛'과 '체온'   156

14장 | 월요병, 사실은 주말 탓이었다   165

15장 | 기초가 흔들릴 때, 전문가의 손을 잡는 용기   175

PART 5 / 4단계 - 소중한 집을 지키는 낮의 습관   **188**

16장 | 밤의 평화를 결정하는 두 번의 기회   190

17장 | 움직임, 최고의 감정 소화제   200

18장 | 마지막 식사, 평온한 밤을 위한 마지막 준비   210

PART 6 / 최종 단계 - 나만의 몸맘케어 지도 그리기   **224**

19장 | 지도 그리기 제1원칙 - 멈춤의 지혜   226

20장 | 지도 그리기 제2원칙 - 균형의 기술   235

21장 | 첫 여정 시작하기   245

22장 | 특별한 지형 탐험하기 - 어떤 삶이든 나를 지키는 법   258

엔딩 우리는 이것을 뫔케어라 부르기로 했다.   **270**

참고문헌   275

01

PART 1

문제는 아침이 아니었다,

퇴근 후 3시간의 비밀

떡볶이 먹는 의사

떡볶이
먹는
의사

1장 | 밤 10시, 왜 나의 허기는 폭발하는가?

왜 하필 떡볶이와 아이스크림일까?

퇴근길 지하철에서부터 머릿속을 떠나지 않던 매운 떡볶이, 아이를 재우고 나서야 겨우 맛볼 수 있었던 차가운 아이스크림 한 통, 넷플릭스를 보며 무심코 비워 낸 감자칩 한 봉지....

이상하지 않나요? 저녁을 먹었는데도, 왜 우리의 뇌는 또 다른 음식을 갈망하는 걸까요? 그리고 왜 하필이면 맵고 짜고 단맛의 자극적인 음식들일까요?

그에 대한 답을 찾기 위해 길고 긴 탐색이 시작되었습니다. 그 과정에서 제가 처음 발견한 단서는 우리 뇌 깊숙한 곳에 숨겨진 '보상회로(reward circuit)' 시스템이었습니다.[1]

온종일 스트레스에 시달린 우리의 뇌는 어떻게든 살아남기 위해 보상을 갈망합니다. 바로 그때, 혀를 얼얼하게 만드는 매콤한 떡볶이와 입안을 부드럽게 녹이는 달콤한 아이스크림이 등장합니다. 이 강력한 조합은 뇌의 보상 스위치를 켜고, 도파민(dopamine)이라는 '쾌감 호르몬'을 분출시킵니다.[1]

도파민이 치솟으면서 얻게 되는 느낌은 평온한 행복감과는 다릅니다. 마치 특별한 날 밤하늘에 펼쳐지는 '짜릿한 불꽃놀이'와도 같죠.

아주 짧은 순간 폭발적인 쾌감을 선사하고 금세 사라져 버리는, 지친 하루의 끝에서 얻을 수 있는 가장 빠르고 확실한 보상입니다. 도파민이 분출되는 바로 그 순간, 우리는 온몸이 짜릿해지는 쾌감과 위로를 경험합니다. 그리고 다음과 같은 한마디를 내뱉게 됩니다. "아, 이제 좀 살 것 같다."

파고들수록 진실은 더 충격적이었습니다. 우리가 밤마다 찾는 그 음식들은 그저 '맛있는 음식'이 아니었습니다. 설탕, 소금, 지방이 완벽한 비율로 배합되어, 우리 뇌가 절대 거부할 수 없도록 설계된 하나의 '덫'과 같았죠.[2]

마치 잘 짜인 각본처럼, 먹을수록 더 강한 자극을 원하게 해 우리를 중독의 고리에 빠뜨립니다. '딱 한 입만'으로 시작했다가 순식간에 바닥을 보이고야 마는 음식들. 그러한 상황은 결코 우리의 의지가 부족해서가 아닙니다. 애초에 음식이 우리의 의지를 이기도록 영리하게 설계되었기 때문입니다.

이러한 현상을 명확하게 보여 주는 연구가 있습니다. 연구자들은 참가자들에게 초콜릿 밀크셰이크 사진을 보여 준 뒤, 실제로 밀크셰이크를 마시게 하면서 그들의 뇌 반응을 영상검사○로 살펴보았습니다. 그 결과, 단순히 밀크셰이크 사진을 보는 것만으로도 쾌락과 보상을 담당하는 영역들이 강하게 활성화되었습니다. 이는 마치 약물 중독자가 마약 관련 단서에 반응하는 것과 매우 유사한 패턴이었죠.[3]

○ 기능성 자기공명영상(fMRI)

더 흥미로운 사실은, 사람마다 이 보상 스위치의 민감도가 다르다는 것이었습니다. 어떤 사람들은 남들보다 쾌감을 느끼는 안테나(도파민 수용체)가 둔감하다 보니, 같은 양을 먹어도 충분한 만족을 느끼지 못하고 더 많은 밀크셰이크를 먹게 되는 것입니다. 그리고 남들보다 더 강한 자극이 있어야만 비로소 '아, 맛있다!'라고 느끼는 것이었습니다.[3]

이 연구는 제게 섬광 같은 깨달음을 주었습니다. 밤마다 떡볶이와 아이스크림을 갈망했던 것은 그저 배가 고파서 그런 것이 아니었습니다. 지칠 대로 지친 뇌가 확실한 보상을 요구하는 필사적인 몸부림이었던 것입니다.

음식의 종류는 저마다 다르겠지만, 이를 통해 우리가 얻고 싶었던 보상은 놀랍도록 닮아 있었습니다. 그리고 이 지독한 고리를 끊어 내기 위한 첫걸음은 음식을 참는 것이 아니라 '마음'을 들여다보는 것임을 알게 되었습니다.

내 의지 탓이 아니었다

음식을 찾는 이유가 뇌의 보상 스위치 때문이라고 알게 된 것은 시작에 불과했습니다. '왜 먹는가?'에 대한 답은 되었지만, '왜 나만 유독 더 참기 힘든까?'에 대해서는 여전히 명쾌한 답이 되지 못했으니까요. 밤마다 무너지는 자신을 보며 '나는 남들보다 의지가 약한 사람'이라는 자책의 늪은 점점 더 깊어만 갔습니다.

이를 끊기 위해 텅 빈 떡볶이 그릇 앞에서 결심했습니다. '이렇게 살 수는 없다. 무언가 바꿔야만 한다.'

저는 바로 서점 앱을 열고 자기계발서를 검색했습니다. 성공한 사람들의 비밀, 빛나는 아침을 여는 기적. 당시 수많은 자기계발서가 가리키는 해답은 한결같이 '미라클 모닝'이었습니다. 그래서 저 역시 그 길을 따라가면 이 모든 무력감과 피로의 굴레에서 벗어날 수 있을 것으로 믿었습니다. SNS에서 보았던, 새벽에 일어나 명상과 운동을 하고, 남편을 위한 도시락을 준비하고, 아이들을 위한 건강한 아침 식사까지 완벽하게 차려 내는, 그런 워킹맘이 되고 싶었습니다.

하지만 미라클 모닝을 시작하면서부터 처참한 패배감이 이어졌습니다. 전날의 피로를 해소하지 못한 채 맞이한 새벽 5시의 알람은 기적이 아니라 지옥이었습니다. 머릿속에 짙은 안개가 낀 것처럼 멍한 상태로 소파 위에서 꾸벅꾸벅 졸기 일쑤였습니다. 며칠 뒤에는 알람 소리에 잠이 깬 남편이 짜증 섞인 목소리로 한마디를 던졌습니다. "그냥 살던 대로 살아. 나까지 못 자겠어."

그 순간, 저는 무너져 내렸습니다. SNS 속 여성들은 언제나 완벽해 보였던 반면, 저는 새벽 알람 하나 이기지 못해서 남편의 잠까지 방해하고 있었던 것입니다. 저는 그 거대한 간극 앞에서 깊은 자괴감에 빠져들었습니다. 미라클 모닝은 저를 성공하는 사람으로 만든 것이 아니라, 가족에게 피해나 주는 한심한 사람으로 만들었던 것입니다.

그러던 중, 저는 제 자신과 환자들의 식사 일기를 들여다보다가 흥미로운 패턴 몇 가지를 발견하게 되었습니다. 어떤 날은 수월하게 야식을 참아내지만, 다른 날은 속수무책으로 무너진다는 것이었죠. 그 차이는 어디에서 오는 걸까요?

해답의 실마리는 뜻밖의 것이었습니다. 바로 제 몸이 매달 겪는 자연스러운 생체 리듬, 한 달에 한 번 겪는 월경을 따라 찾아오는 '호르몬의 파도'였죠.

유독 초콜릿 케이크나 크림빵이 먹고 싶은 날, 달력을 보면 어김없이 '그날'이 다가오고 있었습니다. 과학은 이것이 단순한 기분 탓이 아니라는 것을 증명해 주었습니다. 월경 전, 우리 몸의 호르몬 수치는 롤러코스터를 탑니다. 이 격렬한 변화는 감정의 기복을 일으킬 뿐만 아니라, 단 음식에 대한 갈망 스위치를 최대로 켜 버립니다.[4] 결국 감정적인 허기를 이기지 못하고 무언가를 먹게 되는 것입니다. 그것은 결코 제 의지가 약해서가 아니었습니다.

연구자들은 여성들을 월경 주기에 따라 두 그룹으로 나누고, 일부러 슬픈 영화를 보여 주며 감정적인 스트레스를 유발했습니다. 그리고 곧바로 아이스크림, 초콜릿, 과자 같은 '위안 음식'을 얼마나 많이 먹는지 지켜보았죠. 결과는 놀라웠습니다. 월경 전 주간에 속한 여성들은 다른 시기의 여성들보다 위안 음식을 훨씬 더 많이 먹었던 것입니다.[5]

이 연구는 '그날'이 되면 우리의 마음이 감정적인 허기에 얼마나 무방비 상태가 되는지를 명백히 보여 주었습니다. 스트레스를 받는다고 무작정 음식을 찾는 것이 아니었습니다. 호르몬의 변화로 우리 마음의 방어력이 완전히 무장 해제되면서 나타나는 지극히 자연스러운 반응이었던 것입니다.

또 다른 발견은 사람마다 태어날 때부터 서로 다른 입맛을 가지고 있으며 타고난 '미각 민감도'가 다르다는 사실이었죠. 과학은 짠맛에 예민한 사람일수록 기름지고 짭짤한 음식의 유혹에 더 쉽게 넘어가고, 한번 시작하면 멈추기 어렵다는 사실을 알려 주었습니다.[6]

그것은 제게 큰 위안이 되었습니다. 똑같은 감자칩 한 봉지를 앞에 두고도, 나만 유독 브레이크가 고장 난 폭주 기관차처럼 멈출 수 없었던 이유가 의지 때문이 아니었을 지도 모른다는 뜻이었으니까요.

과학이 들려주는 진실들을 마주하면서 저는 비로소 오랫동안 자신을 짓눌러 왔던 '의지박약'이라는 네 글자로부터 자유로워질 수 있었습니다. 밤마다 저를 유혹했던 것은 단순한 식탐이 아니었습니다. 그것은 호르몬의 파도에 휩쓸린 몸이 보내는 자연스러운 신호이자 타고난 기질의 결과였으며, 고된 하루의 스트레스가 만들어 낸 외침이었습니다.

혹시 저처럼 밤마다 무너지는 자신을 탓하고 있나요? 그렇다면 이제 그 날카로운 자책의 화살을 거두어도 괜찮습니다. 문제는 의지가 아니었습니다. 우리의 몸과 마음에 대해 스스로 너무 몰랐다는 것, 그것입니다.

PART.1 :

음식으로 마음을 달래는 밤

뇌의 보상 스위치, 호르몬의 파도, 타고난 미각까지, 이 모든 것이 의지 탓이 아니었다는 사실에 안도하면서도, 한 가지 질문이 머릿속을 떠나지 않았습니다.

'왜 그 모든 작용이 유독 밤에만 폭발하는 걸까?'

낮 동안 저는 제법 괜찮은 사람입니다. 바쁘게 일하고, 사람들을 만나고, 맡은 역할을 성실하게 해 내며 나름대로 충실한 하루를 보내니까요. 떡볶이와 아이스크림의 유혹이 스멀스멀 올라오는 것은 언제나 모든 것을 끝내고 홀로 남겨진 시간이었습니다.

이에 대해 고찰하는 과정에서 깨닫게 되었습니다. 밤은 단순히 하루를 끝마치는 시간이 아니라, 낮 동안 우리를 지탱해 주던 모든 갑옷이 해제되는 시간이라는 것을요. 회사원이라는 갑옷, 엄마라는 갑옷, 딸과 아내라는 갑옷을 벗어 던진 채, 아무 역할도 없는 '나'로 돌아오는 시간. 고요함 속에서 낮 동안 애써 눌렀던 감정들이 비로소 고개를 들기 시작합니다.

우리 몸 안에는 이 모든 것을 조절하는 정교한 자동 스위치인 '자율신경계'가 있습니다. 이 스위치가 우리의 회복 시스템 전체를 어떻게 지배하는지에 대해서는 PART 4에서 본격적으로 알려드리겠습니다. 그리고 지금은 이 스위치가 어떻게 우리를 '긴장 모드'와 '휴식 모드'로 이끄는지 잠깐만 엿보기로 하겠습니다.

낮 동안 우리 몸은 외부의 위협과 스트레스에 맞서기 위해 '비상벨'과도 같은 교감신경○을 켭니다. 심장을 빠르게 뛰게 하고 근육을 긴장시켜, 언제든 싸우거나 도망칠 수 있는 '투쟁-도피' 모드로 만들죠. 반면 밤은 '평온의 스위치'인 부교감신경▽이 켜지는 시간입니다. 몸과 마음을 깊은 '휴식-소화' 모드로 전환시켜, 하루 동안 쌓인 피로를 회복하고 에너지를 재충전하죠.

그런데 문제는 낮 동안 받았던 스트레스와 꾹꾹 눌러 담았던 부정적인 감정들이 스위치의 전환을 방해한다는 점입니다. 몸은 천근만근인데, 뇌는 꺼지지 않는 비상등처럼 홀로 깜빡이는 기이한 상태에 머무르는 것이죠. 바로 그때 음식이 등장합니다. 이 어중간한 교착 상태를 끝내 버릴 가장 강력한 '강제 종료 버튼'으로 말이죠.

밤에 음식을 찾는 사람들의 마음은 어떨까요? 한 연구가 이를 깊이 들여다볼 기회를 주었습니다. 연구자들이 야식 증후군(Night Eating Syndrome)을 겪는 이들에게 왜 밤에 먹는지 묻자, 그들의 대답은 놀랍도록 비슷했습니다.

그들에게 야식은 낮 동안 겪었던 스트레스와 감정을 해소하는 유일한 탈출구였습니다. 어떤 이에게는 누구에게도 방해받지 않는 오롯한 자신만의 시간이었고, 또 다른 이에게는 지독한 외로움과 공허함을 채우는 가장 빠르고 손쉬운 위안이었습니다.[7]

○ sympathetic nervous system
▽ parasympathetic nervous system

이 연구는 제게 확신을 주었습니다. 밤의 식사는 단순히 배를 채우는 행위가 아니었습니다. 해결되지 못한 마음의 허기를 잠재우려는 필사적인 몸부림이었던 것입니다.

차마 말하지 못했던 서운함, 온종일 나를 할퀴고 간 스트레스, 내일이 보이지 않는 막막함, 그리고 뼛속까지 시린 외로움. 이 모든 감정의 찌꺼기들이 뒤섞여 마음속에 거대한 구멍을 만들 때, 우리는 본능적으로 이를 채울 무언가를 찾게 됩니다. 그리고 음식은 가장 손쉽고 빠른 위로의 도구로써 우리 앞에 나타납니다.

따뜻한 위로의 말을 건네 줄 사람은 곁에 없어도 배달 앱은 단 30분 만에 따끈한 위로를 배달해 주니까요. 복잡하게 얽힌 감정의 실타래를 푸는 것은 너무나 어렵지만, 과자 봉지를 뜯는 데는 1초도 걸리지 않으니까요.

이것이 바로 제가 '마음허기'라고 이름 붙인 감정의 진짜 얼굴이었습니다.

우리는 배가 고파서 먹는 게 아니었습니다. 마음이 고파서, 외로워서, 위로를 받고 싶어서 먹는 것이었습니다. 음식으로 텅 빈 마음을 채우는 밤이 속절없이 반복되고 있었던 것입니다. 이 사실을 깨닫는 순간, 저는 음식과의 싸움을 멈추기로 선언했습니다. 진짜 싸워야 할 상대는 음식이 아니라, 음식을 찾게 만드는 내면의 갈등이었습니다.

2장 | 피곤할수록 왜 라면이 당길까?

잠이 줄면 고장 나는 식욕 스위치

밤의 허기가 '마음허기'라는 것을 깨닫고 나자, 모든 것이 해결될 것 같았습니다. 음식을 찾게 만드는 내 마음만 잘 다독이면 지긋지긋한 야식의 고리를 끊을 수 있을 거라 믿었습니다.

하지만 현실은 달랐습니다. 어떤 날은 '그래, 이건 마음이 고픈 거야.'라고 되뇌며 스스로 다독이고 넘어갈 수 있었지만, 어떤 날은 그런 이성적인 생각이 비집고 들어올 틈도 없이 강력한 식욕이 저를 덮쳤습니다. 그날(월경)과 관계없이 말이죠.

'어젯밤에는 분명 잘 참았는데, 왜 오늘은 이렇게까지 먹고 싶은 걸까?'

저는 제 다이어리에서 의외의 단서를 발견했습니다. 유독 식욕이 폭발했던 날의 공통점은 바로 전날 잠을 설치거나 평소보다 잠을 적게 잤다는 것이었습니다. '설마 잠 때문에?' 반신반의하며 관련 연구들을 찾아보기 시작했고, 그곳에서 저는 의지를 뛰어넘어 식욕을 조종하는 배후를 만나게 되었습니다. 바로 '그렐린(Ghrelin)'과 '렙틴(Leptin)'이라는 두 가지 호르몬이었습니다.

이름은 조금 낯설지만, 이들의 역할은 아주 간단합니다. 우리 몸의 식욕 스위치를 켜고 끄는 역할이죠. 위가 비었을 때 분비되는 그렐린은 배고픔을 느끼게 해서 "이제 먹을 시간이야!" 하고 외치는 식욕의 '액셀러레이터'입니다. 반면, 지방 세포에서 분비되는 렙틴은 배가 부르다는 신호를 보내 "이제 충분해, 그만 먹어!" 하고 말리는 식욕의 '브레이크'입니다.

잠을 충분히 자고 나면 우리 몸은 이 액셀러레이터와 브레이크를 섬세하게 조절하며 안정적으로 식욕을 관리합니다. 하지만 잠이 부족해지는 순간, 이 조절 기능은 완전히 고장 나 버립니다.

우리 몸은 부족한 잠을 '생존 위기 상황'으로 인식하고, 더 많은 에너지를 비축하기 위해 비상 체제에 돌입합니다. 그 결과, 식욕의 액셀러레이터인 그렐린 수치는 급격히 치솟고, 포만감의 브레이크인 렙틴 수치는 뚝 떨어집니다.[1] 액셀을 끝까지 밟았는데 브레이크가 고장 나 버린 자동차를 상상해 보세요. 바로 그 아찔한 상태가 잠 못 이룬 우리 몸속에서 매일 밤 벌어지고 있었던 것입니다.

이 현상을 명확하게 보여 주는 연구가 있습니다. 과학자들은 건강한 젊은 남성들을 며칠간 실험실에 머물게 했습니다. 하루는 8시간을 푹 재웠고, 다른 날은 단 4시간만 재운 뒤 몸의 변화를 관찰했죠. 결과는 충격적이었습니다. 4시간을 잔 다음 날 그들의 몸속에서는 거대한 반란이 일어났습니다. 식욕의 액셀(그렐린)은 28%나 더 강해지고, 포만감의 브레이크(렙틴)는 18%나 느슨해졌습니다. 그 결과, 밀가루와

설탕, 기름이 합쳐진 고칼로리 음식에 대한 갈망이 24%나 치솟았다고 보고했습니다.[2]

이 연구는 제게 명확한 답을 주었습니다. 밤늦게까지 이어진 야근, 아이를 돌보느라 설친 잠, 뒤척이다 놓쳐버린 수면 시간, 그 모든 '수면 빚'이 다음 날 밤 감당할 수 없는 식욕이 되어 우리를 덮쳤던 것입니다.

이성의 브레이크는 어떻게 망가지는가?

고장 난 식욕 스위치의 배후를 알게 된 것은 분명 큰 발견이었습니다. 하지만 제 탐구는 거기서 멈추지 않았습니다. 또 다른 의문이 고개를 들었기 때문이죠.

> '그래, 잠을 못 자서 배가 고픈 건 알겠어. 그런데 왜 하필이면 건강한 샐러드나 담백한 닭가슴살이 아니라, 짜고 기름진 라면이나 과자가 미치도록 먹고 싶은 걸까?'

그 해답은 우리 뇌의 가장 깊숙한 곳에서 '이성'을 담당하는 전두엽 피질(Prefrontal cortex)에 있었습니다. 이곳은 냉철한 CEO와 같습니다. 충동을 억제하고 장기적인 목표를 생각하며 가장 합리적인 결정을 내리죠. 피곤한 밤, 라면 봉지를 집으려는 우리에게 이렇게 속삭이는 목소리가 바로 뇌의 CEO입니다.

"지금 이걸 먹으면 내일 아침 얼굴이 퉁퉁 붓고 하루 종일 속이 불편

할 거야. 참는 게 현명해."

　문제는 이렇게 이성적이고 똑똑해 보이는 뇌 CEO에게도 치명적인 약점이 있었으니, 바로 수면 부족으로 인한 피로입니다. 잠이 부족하면 뇌의 다른 어떤 영역보다 이 전두엽 피질의 기능이 가장 먼저, 그리고 가장 심하게 타격을 입습니다. 피곤할수록 우리의 이성적인 판단력과 충동 조절 능력은 속절없이 무너져 내리는 것이죠.

　뇌의 CEO가 지쳐 꾸벅꾸벅 조는 사이, 식욕과 본능을 담당하는 원초적인 목소리들이 고개를 들고 외치기 시작합니다. 게다가 엎친 데 덮친 격으로, '코르티솔(Cortisol)'이라는 스트레스 호르몬까지 올라갑니다. 잠을 못 잔 몸은 '생존 위기 상황'으로 판단하고, 비상사태를 알리는 사이렌처럼 코르티솔을 쏟아냅니다. 이 비상 호르몬은 우리 뇌에 다급하게 외칩니다.

　"가장 빠르고 확실한 연료를 당장 찾아!"

　바로 이러한 시스템이 우리가 1장에서 만났던 '마음허기'라는 감정의 진짜 얼굴입니다. 뇌의 CEO가 지쳐 잠들고, 비상 호르몬이 몸을 장악한 상태. 이 극도의 생리적 스트레스를 우리의 마음은 '텅 빈 공허함'과 '채워지지 않는 갈증'으로 느끼고 있었던 것입니다. 그 허기를 채워 줄 가장 빠르고 확실한 연료가 바로 라면과 떡볶이, 과자, 아이스크림이었던 셈이죠. 이 모든 조각이 맞추어지면서 저는 마치 제 머릿속을 엑스레이로 찍은 듯한 전율을 느꼈습니다.

이제 모든 퍼즐이 맞춰졌습니다.

전날 잠을 제대로 못 자면 우리 몸속은 그야말로 총체적 난국이 펼쳐집니다. 식욕의 액셀(그렐린)은 끝까지 가속하는데 브레이크(렙틴)는 고장 났고, 이성적인 판단을 내려야 할 뇌의 CEO(전두엽 피질)는 지쳐서 졸고 있습니다. 설상가상으로 비상사태를 알리는 스트레스 호르몬(코르티솔)은 "지금 당장 가장 자극적인 연료를 넣어!"라고 쉴 새 없이 소리치고 있죠. 이런 상황에서 과연 누가 샐러드를 선택할 수 있을까요? 우리의 마음은 생존을 위해 가장 합리적인 라면, 떡볶이, 과자, 아이스크림을 선택하는 것입니다.

피곤할수록 라면이 당기는 것은 결코 우리의 의지가 나약해서가 아니었습니다. 수면 부족으로 완전히 교란된 호르몬과 뇌가 살기 위해 벌이는, 지극히 과학적인 '생존 본능'이었습니다.

최고의 식욕 안정제는 '잠'입니다

호르몬의 반란, 마음의 비상사태. 밤의 식욕을 조종하는 거대한 배후를 알고 나니 한편으로는 안도감이 들면서도, 다른 한편으로는 거대한 벽 앞에 선 듯한 막막함을 느꼈습니다. 의지만으로는 어쩔 수 없는 생리적 메커니즘 앞에서 저는 완전히 무력한 존재처럼 느껴졌기 때문입니다.

'이 모든 걸 내가 어떻게 이겨 내지?'

하지만 그 막막함 속에서 저는 가장 단순하고도 근본적인 해법을 발견하게 되었습니다. 그것은 식욕과 맞서 싸우는 것이 아니라, 식욕이 날뛰는 '무대' 자체를 바꾸는 것이었습니다.

어둠 속의 한 줄기 빛처럼 희망적인 연구 결과가 있습니다. 과학자들은 잠이 부족한 사람들을 모아서 한 그룹은 평소처럼 자도록 하였고, 다른 그룹은 잠을 1.2시간 더 자도록 했습니다. 그 결과는 놀라웠습니다. 그저 잠을 조금 더 잤을 뿐인데 다음 날 설탕 섭취량이 확연히 줄었고, 일일 섭취 칼로리도 눈에 띄게 감소했습니다.[4] 이 연구는 우리에게 명확한 사실을 알려줍니다. 잠이 식욕을 안정시키는 가장 강력한 열쇠라는 것을요.

그렇다면 단순히 잠자는 시간을 늘리기만 하면 되는 걸까요? 아침 8시, 9시까지 늦잠을 자면 식욕도 저절로 안정될까요?

아닙니다. 핵심은 잠의 총량이 아니라, 잠이 시작되는 '시간'에 있습니다. 고장 난 식욕 시스템을 '리셋'하는 가장 강력한 버튼은 바로 '밤 11시 이전에 자는 것'입니다.

우리 몸에 가장 중요한 회복과 재생 작업은 특히 밤 10시에서 새벽 2시 사이의 '황금 시간대'에 이루어지는 가장 깊은 수면(서파 수면, Slow-wave sleep) 단계에서 집중적으로 일어납니다. 바로 이 시간에 우리 몸의 '복구 총괄 책임자'인 성장호르몬(Growth Hormone)이 하루 분비량의 70~80%를 쏟아냅니다.

성장호르몬은 아이들의 성장에만 관여하는 것은 아닙니다. 성인에게는 낮 동안 손상된 세포를 복구하고, 신진대사를 조절하며, 체지방을 분해하는 핵심적인 역할을 합니다. 잠과 관련된 연구에 따르면, 깊은 잠(서파 수면)의 양이 줄어들수록 성장호르몬 분비량도 정확히 비례하여 감소하는 것으로 나타났습니다.[5]

즉, 새벽 1시부터 아침 8시까지 7시간 자는 것과 밤 11시부터 아침 6시까지 7시간 자는 것은 설령 수면 시간이 같더라도, 우리 몸의 회복 측면에서는 전혀 다른 결과를 낳는 것입니다. 늦게 잠들수록 우리 몸이 스스로 치유할 중요한 시간을 놓쳐 버리는 셈입니다.

이 황금 시간대의 깊은 잠이야말로, 밤만 되면 날뛰는 식욕 조절 시스템을 바로잡는 결정적인 시간입니다. 깊은 잠을 자는 동안 우리의 뇌는 비로소 식욕의 액셀(그렐린)과 브레이크(렙틴)의 균형을 맞추고, 이성적인 판단을 내리는 운전자(전두엽 피질)의 기능을 회복시킬 시간을 갖게 됩니다.

우리는 그동안 '덜 먹는 것'에만 집중하느라, 우리 몸이 스스로 균형을 잡을 수 있도록 '제때, 깊이 쉬는 것'의 중요성을 잊고 있었습니다. 수면은 단순히 하루를 마감하는 시간이 아닙니다. 낮 동안 소진되고 교란되었던 우리 몸의 모든 시스템—호르몬, 신경전달물질, 감정 조절 중추—을 다시 조율하고 재정비하는 가장 중요한 '회복의 시간'입니다.

이 거대한 생리적 메커니즘을 이해하고 나서야, 저는 비로소 한밤중에 라면 봉지를 뜯던 저 자신을 따뜻하게 안아 줄 수 있었습니다.

하지만 이 깨달음은 훨씬 더 현실적인 질문을 던졌습니다.

"잠이 답이라는 건 알겠어. 그런데 야근과 스트레스에 찌든 이 몸을 이끌고, 어떻게 평화로운 11시 수면을 할 수 있단 말인가?"

3장 | 야근 후 떡볶이, 육퇴 후 과자 한 봉지

우리 모두의 야식 사연

'마음허기'와 '수면 빚'이라는 이름으로 밤의 식욕을 설명하고 나니, 머리로는 모든 것이 이해되는 것 같습니다. 하지만 우리의 진짜 싸움은 책상 위가 아니라 고단한 하루의 끝에서 벌어집니다. 과학적 원리를 되새기며 넘어가기에는 너무나도 지쳐 버린 밤, 우리는 또다시 음식의 유혹 앞에서 무너지곤 하죠.

어쩌면 당신의 이야기도 비슷할지 모릅니다. 지금 이 시간, 대한민국의 수많은 집에서 벌어지고 있을 너무나도 익숙한 밤의 풍경입니다.

#장면 1. '갓생'과 번아웃 사이, 수진 씨의 떡볶이

34세 마케터 수진 씨의 아침은 자책감으로 시작합니다. SNS를 열면 '미라클 모닝' 인증샷과 '#오운완(오늘 운동 완료)' 해시태그가 반짝이면서 그녀를 향해 묻는 것 같습니다. "남들은 저렇게 열심히 사는데, 너는 지금 뭐 하고 있니?"

성공한 사람처럼 살고 싶어서 새벽 5시에 알람을 맞추지만, 전날의 야근과 스트레스로 인해 몸은 천근만근입니다. 모닝커피를 마시며 에너지를 쥐어짜 봅니다. 쉴 새 없이 울리는 메신저와 갑작스럽게 떨어지는 업무, 뻑뻑한 눈을 비비며 모니터를 노려보다 시계를 보니

PART.1 :

벌써 밤입니다.

지친 몸을 이끌고 귀가 후 현관문을 열자마자, 소파에 쓰러지듯 눕습니다. 바로 그때, 스마트폰 화면 위로 익숙한 배달 앱 아이콘이 말을 걸어옵니다.

'오늘 진짜 고생했잖아. 이 정도는 먹을 자격 있어.'

스스로 면죄부를 주며 주문한 매운 떡볶이와 튀김 세트. 혀를 얼얼하게 만드는 자극적인 맛이 온몸으로 퍼지는 순간, 하루의 스트레스와 '갓생'을 살지 못했다는 좌절감이 모두 씻겨 나가는 듯한 해방감을 느낍니다. 이것은 단순한 식사가 아니라, 고된 하루를 버텨 낸 자신에게 주는 유일한 '보상'이자, 완벽하지 못한 나를 향한 '화풀이'입니다.

#장면 2. '나'를 잃어버린 엄마, 지혜 씨의 과자 한 봉지

아이가 꿈나라로 가고 나서야 41세 지혜 씨의 하루는 비로소 끝이 납니다. 온종일 아이에게 모든 에너지를 쏟아붓고 난 뒤 찾아온 '나만의 시간'. 하지만 이미 몸과 마음은 완전히 방전된 상태입니다.

그녀는 조용히 부엌으로 가서 선반 깊숙이 숨겨 두었던 초코과자 봉지를 꺼냅니다. 과자 한 조각이 '바삭' 하고 작은 소리를 내며 입속에서 부서지는 순간 텅 빈 마음과 허기가 잠시나마 채워지는 것 같습니다. 남편 몰래 아이스크림 통을 꺼내 먹을 때도 있습니다.

잠이 부족해 늘 예민한 탓에, 사소한 일에도 아이에게 짜증을 내는 자신을 발견할 때마다 지혜 씨는 깊은 죄책감에 빠집니다. "나는 좋은 엄마가 아닌 것 같아." 그 외로운 마음을 달래 줄 곳은 이 고요한 밤의 식탁뿐입니다. 이 시간은 음식으로 허전한 마음을 채우고, '엄마'가 아닌 '나'를 잃어버린 스스로를 '위로'하는 유일한 의식입니다.

#장면 3. 다이어트 실패와 자존감, 서현 씨의 감자칩

32세 프리랜서 서현 씨에게 저녁이 있는 삶이란 '혼술과 넷플릭스가 있는 삶'입니다. 불규칙한 생활과 외로움 속에서, 퇴근 후 맥주 캔을 따는 '치익-' 소리는 하루의 시작을 알리는 신호탄과도 같죠. 짭짤한 감자칩 한 봉지를 뜯어 옆에 두고, 흥미진진한 드라마 한 편을 정주행하는 것. 이것이 그에게는 가장 완벽한 휴식입니다.

그 과정에서 건강이 나빠지는 것을 느껴 여러 번 다이어트를 시도했지만, 밤의 유혹을 이기지 못하고 번번이 실패했습니다. 이제는 "나는 어차피 안 돼."라는 무력감이 그녀를 지배합니다. 어느새 비어 버린 맥주 캔과 과자 봉지를 보면 잠시 허무함이 밀려오지만, '내일의 나'에게 모든 책임을 미룬 채 리모컨의 다음 버튼을 누릅니다. 외로움이 부른 밤의 식사는, 이제 실패를 반복하는 자신을 정당화하는 단단한 '습관'이 되어 버렸습니다.

당신은 어떤 밤의 풍경 속에 서 있나요? 위의 이야기들 속에서 혹시 당신의 모습을 발견했나요? 괜찮습니다. 당신만이 외로운 싸움을 하고 있는 것은 아니니까요.

PART.1 :

당신의 야식에는 어떤 이름이 붙어 있나요?

 수진 씨의 떡볶이, 지혜 씨의 과자, 그리고 서현 씨의 감자칩. 이 음식들은 단순한 간식이 아니라, 각자의 고단한 삶이 응축된 하나의 '상징'과도 같습니다. 그들의 선택 이면에는 우리가 1장과 2장에서 함께 살펴본 '마음허기'와 '수면 빚'이라는 두 가지 키워드가 각자의 사연과 복잡하게 뒤얽혀 있습니다.

 수진 씨에게 떡볶이는 '오늘 하루도 잘 버텼다'는 증거이자, 마음대로 되지 않는 하루에 대한 '화풀이'였습니다. 아침에는 SNS에서 본 '미라클 모닝'을 따라 하지 못한 자신을 탓하고, 밤에는 야근으로 지쳐 버렸죠. '왜 나만 이렇게 힘들까?'라는 생각에 지친 수진 씨의 뇌는 아주 빠르고 확실한 위로를 찾습니다. 바로 이때, 매운 떡볶이가 등장합니다. 혀가 얼얼해지는 자극적인 맛은 우리 뇌의 보상 스위치를 켜서 '도파민'이라는 쾌감 호르몬을 내보냅니다. '이 정도는 먹을 자격이 있어.'라고 생각하지만, 사실은 완벽하게 살지 못한 자신을 잠시라도 잊고 싶은 마음이었던 것이죠.

 지혜 씨에게 초코과자는 유일한 위로였습니다. 하루 종일 엄마와 아내로만 살다 보니 진짜 '나'는 사라진 기분이었죠. '나는 좋은 엄마가 아닌가 봐.'라는 자책을 과자 한 봉지로 잠시 잊는 겁니다. 하지만 이건 단순히 기분 탓만이 아닙니다. 잠이 부족하면 우리 몸의 식욕을 조절하는 스위치가 고장 나 버립니다. 그리고 몸의 시스템이 흔들리면 "이제 그만 먹어야지." 하고 참아 낼 힘이 없어지면서 눈앞의 달콤한 위로를 거부하기 어렵게 됩니다. 결국 지혜 씨의 과자 한 봉지는 허전한 마음을 채우려는 행동이면서, 동시에 부족한 잠이 부른 호르몬의 장난이기도 한 것입니다.

서현 씨는 다이어트에 자꾸 실패하면서 자신감을 많이 잃었습니다. 외로운 밤이면 감자칩을 먹는 것이 어느새 익숙한 습관이 되었죠. 그러면서 '역시 나는 안 돼.'라는 생각에 스스로 포기하는 시간이기도 했습니다. 처음에는 불규칙한 생활과 외로움 때문에 밤에 먹기 시작했지만, 실패가 반복될수록 이 습관은 점점 끊기 어려워졌습니다. 결국 서현 씨의 감자칩은 허전한 마음('마음허기')에서 도망치는 가장 쉬운 방법이자, '어차피 또 실패할 텐데.'라며 미리 포기해 버리는 습관으로 굳은 것입니다.

야식과 관련된 사연은 저마다 조금씩 다릅니다. 누군가에게는 보상이고, 다른 이에게는 위로이며, 또 다른 사람에게는 습관입니다. 하지만 핵심은 같습니다. 배가 고파서가 아니라 마음이 고파서 먹고 있다는 것, 그리고 마음의 허기는 수면 부족과 스트레스라는 기름을 만나면 더욱 활활 타오른다는 사실입니다.

이제 당신의 밤을 돌아볼 차례입니다.

어젯밤, 혹은 최근에 당신을 가장 강렬하게 유혹했던 음식은 무엇이었나요? 그 음식을 먹으면서 당신이 진짜로 채우고 싶었던 것은 무엇이었나요?

'갓생'을 살지 못하는 나를 위한 '보상'이었나요? 누구에게도 말 못할 서운함을 달래 줄 '위로'였나요? 아니면 "어차피 안 될 거야."라는 마음을 숨기기 위한 '습관'이었나요? 어쩌면 그 모든 것이 뒤섞여 있었을지도 모릅니다.

이 질문에 대한 답을 찾는 것이 바로 변화의 시작입니다. 야식에 이름을 붙이는 순간, 우리는 더 이상 '의지박약한 나'를 탓하는 대신 음식을 찾게 만든 '나의 마음'을 객관적으로 바라볼 수 있게 됩니다. 진짜 문제의 원인을 마주할 용기를 얻게 되는 것이죠.

괜찮습니다. 어떤 이름이든 좋습니다. 그 이름을 찾는 것만으로도 우리는 이미 어제와는 다른 길에 서 있는 것이니까요.

나의 집을 짓기 전, 'Before' 사진 스크랩하기

지금까지는 밤의 평화를 흔들던 진짜 원인들을 찾아보았습니다. 이제부터는 우리의 몸과 마음을 집에 비유해서, 제가 어떻게 저만의 평온한 집을 꾸밀 수 있었는지에 관한 경험을 나눌 것입니다.

그런데 나만의 공간을 멋지게 꾸미기 전에 무엇을 먼저 해야 할까요? 바로 'Before' 사진을 찍어 두는 것입니다. 지금 내 모습을 솔직하게 기록하고 스크랩해 두는 것이죠. 나중에 얼마나 멋지게 변했는지 확인하기 위해서이기도 하지만, 지금의 상태를 알아야 나에게 꼭 맞는 공간을 만들 수 있기 때문이기도 합니다.

이 체크리스트는 우리의 실패를 기록하는 성적표가 아닙니다. 자신만의 멋진 집을 꾸미기 위한 가장 소중한 첫 번째 스크랩 페이지입니다. 어젯밤의 선택이 오늘 어떤 영향을 미쳤는지 객관적으로 살펴보면서 첫 삽을 어디서부터 떠야 할지 다음장에서 함께 확인해 봅시다.

PART.1 :

[점수 측정하기]

나의 몸 점수 매기기 (각 1~5점)

• 어젯밤 야식 후, 오늘 아침 나의 컨디션은 몇 점인가요?

(1점: 매우 좋음 ~ 5점: 매우 나쁨)

- **부기 :** 얼굴이나 손이 얼마나 부었나요?
- **속 더부룩함 :** 속이 편안한가요, 아니면 불편한가요?
- **피로도 :** 개운하게 일어났나요, 아니면 찌뿌둥한가요?

나의 마음 점수 매기기 (각 1~5점)

• 어제 야식 후, 오늘 오전 나의 기분과 집중도는 몇 점인가요?

(1점: 매우 좋음 ~ 5점: 매우 나쁨)

- **기분 :** 상쾌한가요, 아니면 가라앉아 있나요?
- **집중도 :** 업무나 일상에 잘 집중할 수 있나요?

[점수 해석: 나의 밤을 읽는 방법]

몸 점수 (총점 3~15점)

- **3~6점 : 안정**

  지금의 생활 리듬이 잘 맞습니다. 큰 변화를 주기보다는 현재의 상태를 유지하는 데 집중하세요.

- **7~10점 : 주의**

  몸이 이미 작은 신호를 보내고 있습니다. 잠드는 시간을 조금 당기거나, 저녁 식사 리듬을 조정해 주면 훨씬 가벼워질 수 있습니다.

- **11점 이상 : 경고**

  몸이 지쳐 있다는 뜻입니다. 바로 오늘 저녁부터 회복 루틴을 강화하세요. 2부에서 다룰 저녁 리추얼을 응급 처방처럼 먼저 적용해 보세요.

어떻게 활용하면 좋을까요?

이 체크리스트는 단순한 점수가 아니라 책의 내비게이션입니다.

- **점수가 낮아 안정 구간에 있다면** → 뒷부분의 루틴들을 '예방 습관'으로 읽고 생활에 서서히 스며들게 하세요.

- **주의 구간이라면** → 해당 점수에 맞는 챕터(저녁 루틴·감정 관리·수면 전략)를 '응급 키트'처럼 먼저 펼쳐 보세요.

PART.1 :

마음 점수 (총점 2~10점)

- 🟢 **2 ~ 4점 :   안정**

  감정과 집중력이 잘 유지되고 있습니다. 작은 루틴으로 지금의 상태를 지켜가면 됩니다.

- 🟡 **5 ~ 6점 :   주의**

  마음이 쉽게 흔들리고 있다는 신호입니다. 3부에서 소개할 감정 다루기 루틴을 우선 시도해 보세요.

- 🔴 **11점 이상 : 경고**

  마음의 배터리가 바닥나고 있습니다. 지금 필요한 건 훈계가 아니라 돌봄입니다. 휴식을 적극적으로 확보하고, 책 뒷부분의 마음 회복 도구를 바로 꺼내 사용해 보세요

- **점수가 높아 경고 구간이라면** → 체크리스트가 알려 준 우선순위부터 돌보는 것이 중요합니다. 몸이 먼저인지, 마음이 먼저인지 기준을 잡아야 합니다.

02

| PART 2 |

1단계

나를 위한 평온한 집 짓기

떡볶이 먹는 의사

떡볶이
떡볶이
이사

PART.2 :

4장 | 저녁 멈춤으로 평온의 터를 다지다

첫 삽은 가볍게: 주 2회부터 시작하는 터 다지기

지금까지 우리는 야식이라는 결과 뒤에 숨어 있는 진짜 원인을 마주했습니다. 그리고 집을 짓기 전 나의 땅 상태가 어떤지 함께 점검해 보았죠.

만약 우리의 땅이 자책감과 피로라는 잡초로 무성하고, 스트레스라는 돌멩이로 울퉁불퉁하다면 가장 먼저 무엇을 해야 할까요? 바로 땅을 깨끗하게 정리한 후 잠시 그대로 두어 지반을 단단하게 만드는 일입니다.

'나를 위한 평온한 집 짓기'의 첫걸음은 바로 이 '터 다지기'입니다. 저는 이것을 '저녁 멈춤'이라고 부릅니다. 저녁 식사를 마친 후 다음 날 아침까지 약 12시간 동안 의식적으로 먹는 것을 멈추고, 우리 몸이라는 대지에 온전한 휴식을 선물하는 시간입니다.

어쩌면 '12시간'이라는 숫자를 듣자마자 덜컥 겁부터 날 수 있습니다. '안 그래도 힘든데, 먹는 것까지 참으라고? 내가 과연 할 수 있을까?' 하는 걱정이 드는 것은 지극히 당연합니다. 저 역시 처음에는 이 숫자가 거대한 벽처럼 느껴졌으니까요.

하지만 그 거대한 벽을 허물어뜨릴 수 있는 아주 단순한 비밀이 있습니다. 바로 공복 시간의 대부분은 잠자는 시간이라는 사실입니다. 가령 저녁 8시에 식사를 마치고 밤 11시에 잠자리에 들기로 계획했다고 생각해 보세요. 이때 의식적으로 참아내야 하는 공복 시간은 잠들기 전 단 3시간뿐입니다. 나머지 시간은 대부분 회복의 잠을 자는 동안 자연스럽게 흘러갑니다.

'12시간을 굶는다.'라는 고통스러운 생각에서, '저녁 3시간을 잘 보내고 푹 잔다.'라는 희망적인 생각으로 관점을 바꾸는 것. 이것이 여정의 첫 번째 열쇠입니다.

이것이 전부가 아닙니다. 더 기쁜 소식은, 이 마저도 매일 할 필요가 없다는 것입니다.

우리는 흔히 부지런해야 성공하고 건강도 챙길 수 있다고 생각합니다. 하지만 현실은 어떤가요? SNS에서 극기 훈련 수준으로 노력하는 사람들을 보며 감탄하면서도 '저렇게는 못 하겠다.' 하는 생각에 좌절감도 듭니다. 그러다 며칠 따라 해 보다가 역시 안 된다는 생각에 '아예 놓아 버리는' 길을 선택하곤 합니다.

이러한 비극이 반복되는 이유는, 우리가 '정체성'과 '행동'의 관계를 거꾸로 알고 있기 때문입니다. 심리학의 '자기 지각 이론'에 따르면, 많은 경우 우리의 정체성이 행동을 결정하는 것이 아니라, 사소한 행동의 누적이 '내가 어떤 사람인지'에 대한 인식을 결정합니다.[1]

바로 이 지점에서 '아예 놓아 버리는 것'의 진짜 위험성이 드러납니다. 화요일 회식으로 계획이 무너졌을 때 이 행동 하나만을 보고 '나는 역시 안 돼'라고 생각하며, '저녁 회복에 실패하는 사람'이라는 꼬리표를 스스로 붙여 버립니다.[2]

솔직히 고백하자면, 저 역시 매일 성공하지 못했습니다. 그래서 저는 목표를 바꿨습니다. '매일 완벽한 사람'이 되는 것이 아니라, '저녁 회복을 아예 놓아 버리지 않는 사람'이 되는 것으로요. 처음에는 일주일에 딱 한 번만 성공하는 것을 목표로 했습니다. 그러다가 우리 몸은 최소 48시간에서 72시간, 즉 2~3일에 한 번씩 회복의 기회를 주면 세포의 스트레스 저항력이 높아지고 재정비가 일어난다는 사실을 알게 된 후,[3] 일주일 중 에너지가 가장 많이 남아 있는 월요일과 주말을 앞두고 마음을 다잡을 수 있는 목요일을 저만의 '회복의 날'로 정했습니다.

이틀의 작은 성공은, 다른 날 조금 무너지더라도 '나는 여전히 자신을 돌보는 사람'이라는 단단한 정체성을 지켜 주었습니다. 이 긍정적인 인식이 저를 다시 일으켜 세웠고, 어떤 주는 3번, 4번 성공하는 기쁨을 누릴 수 있었습니다. 그 결과 어떤 주에는 한 번도 못하더라도 더 이상 괴로워하지 않는 경지에 이르게 되었습니다.

이러한 방법이 정말 효과가 있을까요? 과학은 '그렇다.'라고 말합니다. 실제로 한 연구에 따르면, 매일 엄격하게 식사 시간을 지키지 않더라도, '저녁 회복' 패턴을 유지하려는 노력만으로도 우리 몸의 지방 연소 능력이 향상되고 혈당 조절에 긍정적인 영향을 미치는 것으로 나타났습니다.[4] 완벽한 결과가 아니라, '패턴'과 '리듬'을 만들어 가는 과정 자체가 우리 몸을 변화시킨다는 뜻입니다.

12시간의 힘이 얼마나 대단한지 보여 주는 또 다른 흥미로운 연구가 있습니다. 과학자들은 평소에 14시간 넘게 먹던 사람들에게 딱 한 가지 규칙, 즉 식사 시간 간격을 10~12시간으로 줄이게 했습니다. 결과는 놀라웠습니다. 그저 먹는 시간을 조절했을 뿐인데도, 참가자들은 체중과 복부 지방이 줄고, 밤에는 더 깊이 잠들었으며, 아침에는 훨씬 더 개운하게 일어났다고 보고했습니다.[5]

이 연구들은 저에게 큰 확신을 주었습니다. 거창한 계획이 아니라 일주일에 며칠만 야식을 멈추고 몸의 리듬에 맞춰 12시간의 휴식을 선물하는 것만으로도, '나는 나를 돌보는 사람'이라는 새로운 정체성의 씨앗을 심기에 충분하다는 사실을 말입니다.

첫 주는 12시간, 이것도 부담된다면 10시간의 공복에 익숙해지는 것만으로도 충분합니다. 아침에 눈떴을 때 몸이 조금 더 가볍게 느껴지고, 속이 편안해지는 그 작은 변화, 그리고 '나는 오늘 나를 위한 선택을 했다.'라는 뿌듯한 마음에 집중해 보세요. 그것이 바로 포기하지 않는 당신을 만드는 가장 단단한 첫 삽입니다.

PART.2 :

땅을 쉬게 하는 시간: 지친 몸에게 주는 하룻밤의 휴가

이제, 그 약속을 통해 우리가 무엇을 얻을 수 있는지에 대한 이야기를 해 볼까 합니다.

우리가 함께할 '저녁 멈춤'은 고통스러운 참기가 아닙니다. 저는 이것을 '단식'이 아니라, 지친 내 몸에 주는 하룻밤의 달콤한 '휴가'라고 부르고 싶습니다. 이것은 비어 있는 시간을 견디는 벌이 아니라, 하루 종일 애쓴 나에게 주는 가장 큰 선물이자 약속이기 때문입니다.

생각해 보세요. 우리의 위장은 지난 몇 년, 혹은 몇십 년 동안 단 하루도 제대로 쉬어 본 적이 없습니다. 낮에는 세 끼 식사를 소화시키고, 밤에는 예상치 못한 야식의 공격을 받아 내느라 24시간 내내 혹사당해 왔습니다. 잠든 사이에도 몸속 소화기관은 쉬지 못하고 야근까지 해 오고 있었던 셈이죠.

'저녁 회복'은 바로 이 지친 소화기관에게 "오늘 밤은 모든 걸 잊고 푹 쉬어."라고 말해 주는 것입니다. 우리가 잠든 동안 소화기관도 진정한 휴가를 떠나는 것이죠.

이 휴가는 단순히 쉬는 것을 넘어, 우리 몸 전체가 위대한 '대청소'를 하는 시간이기도 합니다. 이는 바로 '세포자정작용(Autophagy)'이라 불리는 놀라운 과정입니다.[6] 우리가 음식을 먹지 않고 쉬는 동안, 우리 몸의 세포들은 낡고 손상된 부품들을 스스로 분해하고 재활용합니다. 이는 단순히 몸을 가볍게 만드는 것을 넘어, 세포 수준에서 우리를 더 젊고 건강하게 만듭니다.

연구에 따르면, 단 12시간만 속을 비워도 우리 몸은 지방을 태우는 모드로 전환되면서 세포 회복 과정이 활성화되기 시작한다고 합니다.[7] 이것은 단순히 칼로리를 제한하는 차원을 넘어, 우리 몸의 근본적인 리듬과 시스템을 정상으로 되돌리는 과정입니다.

야근 후 떡볶이로 '보상'을 하던 저와 수진 씨에게 이 하룻밤의 휴가는, 다음 날 아침의 개운함이라는 더 큰 보상을 선물하는 일입니다. 과자로 '위로'를 받던 지혜 씨에게는 음식보다 더 깊은 위로, 즉 내 몸을 스스로 돌보고 있다는 뿌듯함과 안정감을 느끼게 해 줄 것입니다. 습관적으로 감자칩을 먹던 서현 씨에게는 밤의 허전함을 채워 줄 새로운 '건강한 습관'의 시작이 될 수 있습니다.

그러니 '굶는다.'라는 생각 대신 '휴가를 보낸다.'라는 설레는 마음으로 시작해 봅시다. 이것은 나를 괴롭히는 일이 아니라, 나를 아끼고 사랑해 주는 가장 적극적이고 과학적인 행위입니다.

공사장의 소음 다스리기: '꼬르륵' 소리가 불안이 되지 않게

'저녁 회복'을 시작한 첫날 밤, 어김없이 찾아오는 손님이 있습니다. 바로 '공복감'입니다. 저녁 9시가 넘어가면 뱃속에서 작게 꼬르륵 소리가 들려오고, '뭔가 먹어야 할 것 같은데'라는 생각이 스멀스멀 올라옵니다.

저 역시 이 첫 고비를 넘는 것이 가장 힘들었습니다. 이때 제가 느꼈던 감정은 단순한 배고픔을 넘어섰습니다. 그것은 허전함, 심심함, 그리고 이대로 잠들지 못할 것 같다는 막연한 '불안감'이었습니다. 그동안 음식으로 채워 왔던 밤 시간을 무엇으로 채워야 할지 몰라 당황스러운 마음이 듭니다. 바로 이 순간 많은 분들이 "역시 나는 안 돼."라며 포기하게 되는 첫 번째 고비를 맞이합니다.

하지만 괜찮습니다. 오늘 밤, 이 소리에 무너져도 정말 괜찮습니다.

이 책의 가장 중요한 약속을 다시 한번 기억해 주세요. 매일 성공할 필요는 없습니다. 3일에 딱 하루만 성공해도, 우리 몸은 스스로 회복할 힘을 되찾습니다. 그러니 첫날 밤의 꼬르륵 소리는 우리의 의지를 시험하는 '최종 관문'이 아니라, 누구나 겪는 자연스러운 '연습 과정'일 뿐입니다.

저는 이 현상이 단순한 심리적 문제를 넘어, 우리 몸의 호르몬과 깊은 관련이 있음을 알게 되었습니다. 배고픔의 신호를 보내는 호르몬인 그렐린은 식욕을 자극할 뿐만 아니라, 우리의 기분과 불안감에도 영향을 미칩니다.[8] 특히 '밤 = 먹는 시간'이라는 습관에 길들여진 우리 몸은, 밤이 되어 그렐린이 분비될 때 음식이 들어오지 않으면 이를 '예상치 못한 위기 상황'으로 인식하고 불안감을 증폭시킬 수 있습니다.

중요한 것은 이러한 공복감을 무작정 참아내려 하거나, 적으로 규정하고 싸우려 들지 않는 것입니다. 대신, 이 신호를 다독이고 다른 방향으로 흘려보내는 지혜가 필요합니다. 공복감이 불안감으로 바뀌기 전에 우리가 활용할 수 있는 몇 가지 안전하고 효과적인 '우회로'가 있습니다.

1. '허용 음료'로 몸과 마음을 데우세요.

'저녁 회복' 시간 동안에는 칼로리가 있는 모든 음식을 멈추는 것이 원칙입니다. 하지만 공복감이 발생할 때 이를 해소해 줄 든든한 아군이 있습니다. 그것은 바로 칼로리 없이 입과 마음을 채워 주는 '허용 음료'입니다.

따뜻한 허브티는 단순히 위를 채우는 것을 넘어섭니다. 따뜻한 온도는 우리 몸의 부교감신경을 활성화시켜 심박수를 안정시키고 몸을 이완 상태로 이끕니다. 특히 캐모마일은 불안을 완화하는 효과가 과학적으로 입증되었죠.[9] 이것은 낡은 습관(야식)을 새로운 건강한 의식(티타임)으로 대체하는 가장 평화로운 방법입니다.

육퇴 후 과자를 찾던 지혜 씨는 이제 자신만의 '티타임'을 갖기 시작했습니다. 향긋한 캐모마일 티를 따뜻하게 우려 마시는 시간은, 과자 한 봉지가 주던 짧은 쾌락과는 비교할 수 없는 깊은 안정감을 선물해 줍니다.

2. 입안의 감각을 바꿔 뇌의 스위치를 끄세요.

때로는 아주 작은 행동이 강력한 신호가 됩니다. '이제 먹는 시간은 끝났어.'라고 뇌에 알려 주는 가장 확실한 방법은 바로 양치질을 비롯한 구강 관리입니다.

이것은 행동 심리학에서 말하는 '패턴 인터럽트(Pattern Interrupt)' 기법입니다. 상쾌하고 강한 민트 향 치약이 입안을 감싸는 순간 음식에 대한 미각적 기억은 차단되고, '식사'와 관련된 뇌의 회로는 강제로 종료됩니다. 요즘은 치약의 향이 약해서 큰 차이를 못 느낄 수도 있습니다. 그래서 저는 저녁 양치는 거의 파스 향이 나는 치약으로 바꾸고, 치간 칫솔, 치실, 혀 클리너, 구강청결제까지 사용하기도 했습니다. 이는 '양치 후에는 먹지 않는다.'라는 오랜 학습 효과가 더해지면서 식욕의 고리를 끊어내는 강력한 심리적 마침표가 되어 줍니다.

3. 주방에서 물리적으로 멀어지세요.

우리의 행동은 의지보다 환경의 지배를 더 크게 받습니다. 넷플릭스를 보며 감자칩을 먹던 서현 씨에게 거실 소파는 야식의 유혹이 가장 강하게 '조건화된 공간'이었습니다.

습관은 '**신호 → 반복 행동 → 보상**'의 고리로 이루어집니다. 소파에 앉아 TV를 켜는 것(신호)이 무의식적으로 감자칩(반복 행동)을 찾는 행동으로 연결되는 것이죠. 이 고리를 끊는 가장 효과적인 방법은 바로 '신호' 자체를 제거하는 것입니다.

서현 씨는 '저녁 회복'을 시작하며 새로운 규칙을 만들었습니다. 저녁 9시 이후에는 소파가 아닌 침대에서 책을 읽거나 음악을 듣는 것이죠. 주방에서 멀어지는 것만으로도 무의식적으로 음식을 찾는 습관에서 벗어날 수 있었습니다.

이 시간은 결핍을 견디는 시간이 아니라, 새로운 습관으로 나를 채우는 시간입니다. 처음 며칠은 어색하고 힘들 수 있습니다. 하지만 따뜻한 차 한 잔이 주는 위로와 아침의 개운함이라는 보상을 경험하고 나면, 우리 몸과 마음은 서서히 새로운 리듬에 적응하기 시작할 겁니다.

이렇게 평온한 집을 지을 깨끗한 터가 마련되었습니다. 하지만 아무리 터가 단단하더라도, 하루의 스트레스와 소음이 무방비 상태로 집 안까지 들이닥친다면 소용없겠죠. 다음 장에서는 세상의 소음을 문밖에 둘 수 있도록, 우리 집의 현관문을 단단히 닫는 법을 배워 보겠습니다.

PART.2 :

5장 | 세상의 소음은 문밖에, 나만의 현관문을 닫다

현관문을 닫는 첫 번째 의식, 귀가 리추얼

앞에서 우리는 '저녁 멈춤'이라는 희망적인 약속을 통해, 나를 위한 평온한 집을 지을 깨끗한 터를 마련했습니다. 하지만 굳은 결심은 퇴근 후 집으로 귀가한 지 단 5분 만에 허무하게 무너져 내리곤 합니다. 하루의 스트레스와 피로라는 흙먼지를 잔뜩 묻힌 채, 집 안 가장 깊숙한 곳(부엌)까지 그대로 돌진해 버리면서 말이죠.

아무리 터가 깨끗하면 무엇할까요? 현관문이 활짝 열려 있다면 소용없는 일입니다.

이번 장에서 우리가 할 일은 바로 현관문을 단단히 닫고, 집 안을 아늑한 불빛으로 채우는 일입니다. 머리로는 모든 원리를 이해했지만 지쳐버린 몸이 자석에 끌리는 것처럼 부엌으로 향할 때, 그 강력한 관성을 끊어 낼 구체적인 기술을 함께 배워 보겠습니다.

'왜 나는 아는 것과 행동하는 것 사이에 이토록 큰 간극이 있을까?'

어김없이 무너진 밤, 자책감에 시달리던 중 문득 의사로서 공부해 왔던 '결정 피로(Decision Fatigue)'라는 심리학 개념이 머리를 스쳐 지나갔습니다.[1] 하루 종일 수많은 선택으로 인해 에너지가 방전된 마음은 저녁이 되면 이성적인 판단보다 즉각적인 보상을 주는 습관을 따른다는 이론으로, 퇴근 후의 제 모습과 정확히 겹쳐 보였습니다.

그 순간, 저는 환자가 아니라 자신을 위해 작은 임상 실험을 설계해 보기로 마음먹었습니다. '이론은 알겠다. 그렇다면 결정 피로의 늪에서 허우적대는 마음을 실생활에서 어떻게 구해 낼 수 있을까?'

그 순간, 한 가지 생각이 머리를 스쳤습니다.

'지친 뇌가 생각 없이 움직이는 거라고? 그렇다면, 그 생각 없이 하는 일 자체를 건강한 방향으로 바꿔 버리면 되지 않을까?'

마치 현관문에서 간식통까지 자동으로 이어지는 오래된 길을 끊어 내고, 뇌가 고민할 틈도 없이 자연스럽게 새로운 길로 들어서게 만드는 것이었죠.

처음에는 '퇴근 후 물 한 잔 마시기' 같은 단순한 행동으로 저녁의 평온을 되찾으려 했습니다. 하지만 지친 몸으로 퇴근하여 눈앞에 펼쳐진 어지러운 거실을 마주하는 순간 어김없이 짜증이 치밀어 오르면서 저를 반기는 아이에게 인상 쓰기 일쑤였죠.

그러면서 깨달았습니다. 오랜 습관의 강력한 고리를 끊어 내려면 문제의 공간에 들어서기 전에 현관문 밖에서부터 자신을 먼저 다독여야 한다는 것을요.

몇 번의 시행착오 끝에, 현관문 앞 10초를 시작으로 '일하는 엄마'의 갑옷을 벗고 '존재하는 엄마'로 돌아오는 귀가 리추얼을 완성했습니다.

- **현관문 앞에서 심호흡하기**: 어떤 상황에도 평온을 유지하겠다는 '마음의 안전벨트'를 매는 시간입니다.
- **어지러운 거실 대신 아이 얼굴 먼저 보기**: 나의 세상에서 가장 소중한 것을 확인하며 '사랑 모드'를 켭니다.
- **방으로 직진해 옷 갈아입고 씻기**: 외부의 먼지와 그날의 피로를 털어 내며 '나의 공간'으로 돌아옵니다.
- **아이와 함께 물 한 잔 나누기**: "시온아, 물 줄까?" 질문을 건네며 비로소 아이와 나의 시간에 온전히 '연결'됩니다.

놀랍게도, 이 네 가지 행동을 순서대로 따르자 퇴근 후 5분을 지배하던 조급함과 허기가 눈에 띄게 가라앉기 시작했습니다. 저는 이러한 리추얼이 왜 효과가 있었는지, 그 심리학적 근거를 더 깊이 파고들면서 '실행 의도(Implementation Intentions)'라는 아주 강력한 개념과 마주하게 되었습니다.[2] 이것은 뇌과학에서 가장 강력한 성공 공식 중 하나로 꼽히는 '만약-그러면' 계획입니다.

이것은 단순히 'A를 하겠다.'라고 막연히 다짐하는 것을 넘어, "만약(IF) X라는 상황이 오면, 나는 무조건(THEN) Y라는 행동을 한다."라는 구체적인 약속을 뇌에 각인시키는 것이죠.

과학은 이 간단한 약속의 힘이 얼마나 강력한지 증명합니다. 수많은 연구 결과에 따르면, 이렇게 구체적인 계획을 세운 사람들은 그렇지

않은 사람들보다 목표를 달성할 확률이 평균 2~3배나 높았습니다.[2]

이론으로만 알던 개념이 제 삶에 실질적인 해결책을 제공하는 순간이었죠. 이 방법은 저뿐만 아니라 많은 환자분들에게도 놀라운 효과를 가져다주었습니다.

혹시 저처럼 퇴근 후 5분을 이기지 못해 무너지고 있다면, 오늘부터 이 '완충 지대'를 만들어보는 건 어떨까요? 이 작은 행동 설계가 우리의 저녁 3시간을, 그리고 내일의 아침을 바꾸는 가장 강력한 스위치가 되어 줄 것으로 확신합니다.

아늑한 공간에 불을 켜다, 감각 리추얼

'귀가 리추얼' 덕분에 퇴근 직후 무의식적으로 간식을 찾던 최악의 습관은 넘길 수 있게 되었습니다. 하지만 저의 밤은, 아니, '우리의 밤'은 여전히 위태로웠습니다. 저녁 식사를 마치고 아들과 함께 소파에 나란히 눕는 순간, 모든 긴장이 풀리면서 이와 동시에 낡은 습관이 스멀스멀 고개를 들었기 때문입니다.

"엄마, 나 보여 주려고 영상 저장해 둔 거 없어?"

아들의 물음에 저는 습관적으로 유튜브를 켭니다. 직업이 의사이다 보니 좋은 영상을 보여 주려고 지하철에서 아이들이 보기에 괜찮은 영상들을 미리 본 후 저장해 두곤 합니다. '나는 그래도 걸러서 보여 주는 엄마야.'라고 스스로 면죄부를 주며, 우리는 연체동물처럼 소파에 누워 각자의 화면에 빠져들었습니다.

그러는 동안 분명히 몸은 쉬고 있는데, 마음은 팽팽하게 긴장하고 있었습니다. 아이는 자극적인 쇼츠 영상에, 저는 알고리즘이 추천하는 영상에 빠져 시간을 보내다 보면 어느새 손에는 또 다른 간식이 들려 있었죠. 아이가 초등학생이 된 후에도 이 패턴은 그대로였습니다. '자유분방하고 독립적으로 아이를 키우는 엄마'라고 스스로 포장하지만, 어쩌면 아이와 나 자신을 방치하고 있는 것은 아닐까 하는 죄책감이 밀려왔습니다.

그때 우리 몸의 '자동 모드 전환' 시스템이 머릿속을 스쳤습니다. 우리 몸 안에는 낮 동안의 긴장을 위한 '투쟁-도피 모드(교감신경)' 스위치와, 밤의 회복을 위한 '휴식-소화 모드(부교감신경)' 스위치가 있습니다. 여기서 문제는 퇴근 후 평온하게 아이와 함께하는 시간에도 스마트폰 화면이 만들어 내는 자극 때문에 '투쟁-도피 모드' 스위치가 계속 켜져 있었다는 사실이었습니다.

그래서 또 다른 실험을 시작했습니다. '어떻게 하면 아들과 함께 '휴식-소화 모드' 스위치를 확실하게 켤 수 있을까?'

처음에는 조명부터 바꿔 보았습니다. 형광등 대신 은은한 스탠드 조명 하나만 켜 두었죠. 확실히 분위기는 아늑해졌지만, 우리의 손과 눈은 여전히 화면을 향했습니다. 다음 단계로 유튜브를 끄자, 거실에는 어색한 침묵이 자리 잡았습니다. 그 허전함을 견디지 못하고 우리는 금세 리모컨을 찾거나 스마트폰을 집어 들었죠.

몇 번의 시행착오 끝에, 저는 마지막 퍼즐 조각들을 찾아냈습니다.

비어 있는 시간을 '견디는' 것이 아니라, 새로운 감각의 즐거움으로 '채우는' 것이었습니다. 새로운 즐거움은 바로 함께 듣는 음악, 함께 만지는 촉감, 함께 나누는 온기였습니다.

이 작은 변화들의 과학적 근거는 명확했습니다. 저녁에 보는 밝은 블루라이트와 빠르고 예측 불가능한 영상은 우리 뇌를 속여 수면 호르몬인 멜라토닌 분비를 억제하고, 마음의 경보 시스템인 편도체를 자극합니다. 한 연구에서는 잠들기 전 2시간 동안 태블릿 PC를 사용한 것만으로도 멜라토닌 수치가 22%나 억제되었다고 보고했습니다.[3] 반면, 느리고 부드러운 음악은 스트레스 호르몬 수치를 낮추고, 레고나 클레이 같은 촉감 놀이는 복잡한 생각 대신 현재에 몰입하게 만듭니다.[4] 그리고 따뜻한 스킨십은 몸과 마음을 안정시키는 가장 강력한 부교감신경 활성제입니다.

그날 이후 우리의 저녁은 완전히 달라졌습니다. 유튜브 대신 함께 선정한 음악 플레이리스트를 작게 틀고, 거실 바닥에 앉아 레고나 클레이를 조물거립니다. 그리고 잠들기 전 5분, 서로의 등을 토닥여 주며 하루의 고단함을 나누죠. 그제야 비로소 몸과 마음의 스위치가 '휴식-소화 모드'로 완전히 전환되는 것을 느낄 수 있었습니다.

이 경험을 통해 저는 아들과 함께하는, 우리 가족을 위한 세 가지 감각 리추얼을 완성했습니다.

1. 시각 & 청각 스위치(빛과 소리 조절)

저녁 식사 후 전체 조명 대신 스탠드를 켜고, 자극적인 유튜브 소음 대신 마음을 가라앉히는 '우리만의 플레이리스트'를 트세요.

2. 촉각 스위치(손끝으로 몰입)

스마트폰을 내려놓고, 아이와 함께 레고를 조립하거나 클레이를 주무르며 손끝의 감각에 집중해 보세요.

3. 연결 스위치(온기로 다독이기)

잠들기 전 5분간 마사지를 해 주며 "오늘도 고생 많았어."라고 말해 주세요. 하루 종일 긴장했던 몸과 마음을 이완시키는 가장 따뜻한 방법입니다.

이 세 가지 스위치는 단순히 야식을 막는 기술을 넘어, 엄마의 죄책감과 아이의 미디어 중독을 함께 해결하고, 가족의 밤을 가장 깊은 휴식과 연결의 시간으로 이끌어 주는 가장 효과적인 방법입니다.

나만의 안식처 완성하기, 저녁 리추얼 설계법

퇴근 후 5분을 지켜내는 '귀가 리추얼'과 저녁의 분위기를 바꾸는 '감각 리추얼'.

저는 두 가지 강력한 무기를 손에 넣었습니다. 확실히 예전처럼 무기력하게 무너지는 밤은 줄어들었습니다. 하지만 여전히 어떤 날은 성공하고 어떤 날은 실패했습니다. 그 차이는 바로 '피곤함의 정도'에 달려 있었습니다. 유독 힘든 날에는 이 모든 것을 하나하나 챙기는 것

자체가 또 다른 일이자 스트레스로 다가왔습니다.

즉 개별적인 행동들의 나열만으로는 부족했습니다. 이 행동들이 하나의 물 흐르듯 자연스러운 '과정'이 되어야 한다는 것을 알았습니다. 다른 선택을 고민하거나 저항할 틈도 없이, 퇴근 후부터 잠들기 전까지 몸과 마음을 자연스럽게 '휴식 모드'로 안내하는 자동 장치 같은 것이 필요했습니다.

이 깨달음은 행동 심리학의 '습관 쌓기(Habit Stacking)' 원리와 정확히 일치했습니다.[6] 이것은 이미 존재하는 습관에 새로운 습관을 쇠사슬처럼 연결하여, 의지력 소모 없이 새로운 행동을 자동화하는 강력한 기술입니다. 저의 '귀가 리추얼'과 '감각 리추얼'은 각각의 훌륭한 습관이었지만, 서로 연결되지 않은 채 흩어져 있었던 셈이죠. 저는 이 흩어진 구슬들을 꿰어 하나의 목걸이로 만들어야 했습니다.

그렇게 저만의 '저녁 리추얼'을 설계하기 시작했습니다. '리추얼'이라는 단어는 거창하게 들릴지 모르지만, 사실은 아주 간단합니다. 앞에서 배운 행동들을 나에게 맞는 순서로 꿰어 의미 있는 하나의 의식으로 만드는 것입니다.

저의 '저녁 리추얼'은 다음과 같았습니다.

현관문 앞에서 시작된 귀가 리추얼 →심호흡하기 →아이 얼굴 보기 →옷 갈아입고 씻기 →함께 물 마시기을 마친 뒤, 곧바로 **아들과 함께하는 감각 리추얼** →음악 켜기 →레고/클레이 만지기 →5분 마사지해 주기로 이어갔습니다.

PART.2 :

  이 모든 과정이 물 흐르듯 이어지자, 더 이상 '야식을 참아야 한다.'라는 생각 대신 아이와 연결되었다는 충만함이 그 자리를 채웠습니다. 저의 몸과 마음뿐만 아니라, 아이의 몸과 마음도 먼저 알고 반응했기 때문입니다. "아, 이제 정말 하루가 끝났구나. 우리 함께 쉬는 시간이구나."

  중요한 것은 이것이 정답이 아니라는 점입니다. 이것은 시행착오 끝에 완성된 '저만의 리추얼'일 뿐입니다. 이제 당신의 삶에 맞는, 당신만의 저녁 리추얼을 만들 차례입니다.

  '갓생'과 번아웃 사이에서 지친 수진 씨라면, 집에 돌아와 따뜻한 물로 샤워하며 하루의 긴장을 씻어 내는 것을 리추얼의 핵심으로 삼을 수 있습니다. 이때 중요한 것은, 스마트폰은 반드시 거실에 두고 욕실에 들어가는 것입니다. 뜨거운 김이 하루의 피로를 녹여 내듯, 화면 속 타인의 성공과 비교하던 소음까지 함께 씻어 냅니다. 샤워 후에는 부엌으로 향하는 동선을 원천 차단한 채 곧바로 침실로 가서 SNS 대신 좋아하는 작가의 에세이를 몇 페이지 읽어 봅니다. 이것은 단순히 야식을 막는 기술이 아니라, '인증하지 않아도 괜찮은 나'를 오롯이 마주하고 다독여 주는 가장 소중한 시간이 될 것입니다.

  '나'를 잃어버린 지혜 씨는, 아이가 잠든 후 가장 좋아하는 머그컵에 캐모마일 티를 마시는 것으로 리추얼을 시작합니다. 그리고 시끄러운 TV 대신, 결혼 전 즐겨 듣던 조용한 음악을 틀고 딱 15분만 아이와 상관없는 책(예: 여행, 인테리어 잡지)을 펼쳐 봅니다. 이것은 단순한 휴식이 아닙니다. 온종일 누군가의 엄마, 누군가의 아내로 사느라 잊고 지냈던, 커피 향을 좋아하고 혼자만의 고요함을 즐기던 온전한 '나'를 다시 만나는 애틋한 시간입니다. 그 무엇과도 바꿀 수 없는 이 짧은 재회가, 음식으로는 채울 수 없는 깊은 충만함을 선물할 겁니다.

오늘 밤, 당신의 저녁 리추얼을 한번 그려 보는 건 어떨까요? 거창할 필요 없습니다. 뒤에서 이야기할 예시들 중 두세 가지만 골라, 당신이 가장 편안함을 느끼는 순서로 배열해 보세요. 중요한 것은 이것이 정답이 아니라, 오직 당신의 삶에 맞는, 당신만의 의식이라는 점입니다.

이제 우리 집은 외부의 소음으로부터 안전해졌고, 내부는 평온한 불빛으로 가득합니다. 하지만 이 아늑한 공간이 하룻밤의 꿈으로 끝나지 않으려면, 집을 튼튼하게 받쳐 줄 '뼈대'가 필요합니다. 다음 장에서는 가벼운 내일을 약속하는 가장 중요한 뼈대, '소화와 휴식의 약속'을 세우는 법을 함께 알아보겠습니다.

나만의 저녁 리추얼 만들기: DIY 메뉴판

완벽한 저녁은 정해져 있지 않습니다. 어떤 날은 조용한 휴식이, 어떤 날은 아이와의 웃음이 필요하죠. 다음 메뉴판에서 오늘의 나에게 가장 필요한 '재료'들을 골라, 세상에 단 하나뿐인 당신만의 저녁 리추얼을 완성해 보세요.

Part 1.

귀가 리추얼 메뉴 (업무 모드를 끄고, 세상의 소음과 단절하는 시간)

[STEP 1] 현관문을 열자마자, 다음 메뉴 중 2~3가지를 골라 순서대로 실행해 보세요.

🏠 스마트폰의 집 정해 주기

현관 근처 충전기나 바구니에 스마트폰을 두세요. 배달 앱과 SNS의 유혹으로부터 물리적 거리를 만드는 가장 강력한 첫걸음입니다.

👕 오늘의 갑옷 벗기

'일하는 나'의 갑옷이었던 겉옷과 양말부터 벗어 던지고, 가장 편한 옷으로 갈아입으세요. 몸에게 "이제 쉬어도 돼."라고 보내는 신호입니다.

👋 손과 발만 씻기

너무 지쳐 샤워할 힘도 없다면, 따뜻한 물에 손과 발만 씻어 보세요. 하루의 긴장감과 외부의 먼지를 상징적으로 씻어 내는 효과가 있습니다.

⏱ 5분 정리 타임

소파 위 쿠션을 정리하거나, 식탁 위를 가볍게 닦는 등 딱 한 곳만 5분간 정리해 보세요. 어지러운 공간이 주는 스트레스를 줄이고 통제감을 되찾게 해 줍니다.

💗 아이와 눈 맞추고 꽉 안아주기

(워킹맘 추천) 집에 오자마자 어지러운 거실 대신 아이의 얼굴을 먼저 보세요. 10초 동안 꽉 안아 주며 서로의 온기를 나누는 것은 최고의 안정제입니다.

🎵 웰컴 뮤직 켜기

현관에 들어서자마자 내가 좋아하는 잔잔한 음악을 재생하세요. 집의 분위기를 순식간에 아늑한 카페나 휴식 공간처럼 바꿔 줍니다.

Part 2.

감각 리추얼 메뉴 (비어 있는 시간을 건강한 만족감으로 채우는 시간)

[STEP 2] 저녁 식사 후, 아래 오감 메뉴에서 2~3가지를 골라 저녁 시간을 채워 보세요.

👁 시각 (Sight)

조명 낮추기: 형광등 대신 따뜻한 색의 스탠드나 간접 조명을 켜세요.

불멍/물멍 영상: TV나 태블릿으로 장작불이나 수족관 영상을 틀어 놓고 멍하니 바라보세요.

🦻 청각 (Hearing)

테마별 플레이리스트: '비 오는 날 재즈', '차분한 클래식' 등 나만의 플레이리스트를 만들어 보세요.

팟캐스트나 오디오북 듣기: 눈을 감고도 즐길 수 있는 오디오북으로 이야기에 빠져 보세요.

👃 후각 (Smell)

아로마 오일/디퓨저: 라벤더나 캐모마일 오일을 디퓨저에 한두 방울 떨어뜨려 보세요.

향기 좋은 핸드크림: 손에 핸드크림을 바르고, 향을 깊게 들이마시며 손을 마사지해 주세요.

👅 미각 (Taste)

따뜻한 허브티: 카페인 없는 캐모마일, 루이보스, 페퍼민트 티를 천천히 음미해 보세요.

따뜻한 우유 한 잔: 꿀 한 스푼을 넣은 따뜻한 우유는 어린 시절의 포근함을 선물합니다.

👆 촉각 (Touch)

부드러운 담요/잠옷: 가장 부드러운 촉감의 담요를 덮거나 잠옷을 입으세요.

스트레칭/폼롤러: 뭉친 어깨와 등을 폼롤러로 부드럽게 문지르며 몸의 감각에 집중하세요.

레고/클레이/컬러링북: 생각을 비우고 손끝의 감각에 몰입하는 시간을 가져 보세요.

나만의 리추얼 조합 예시

For. 번아웃 직전의 수진 씨(혼자 사는 직장인)

• 귀가 리추얼

① 스마트폰의 집 정해 주기 → ② 오늘의 갑옷 벗기 → ③ 5분 정리 타임

• 감각 리추얼

① 조명 낮추기 → ② 웰컴 뮤직 켜기 → ③ 따뜻한 허브티 마시기

For. 아이와 함께하는 워킹맘

• 귀가 리추얼

① 아이와 눈 맞추고 꽉 안아 주기 → ② '변신 놀이' 하듯 함께 옷 갈아입기 → ③ 함께 손 씻기

• 감각 리추얼

① 웰컴 뮤직 켜기 → ② 레고나 클레이 가지고 놀기 → ③ 5분씩 서로 안마해 주기

가장 중요한 것은 완벽함이 아닌, 오늘의 나를 위한 다정함입니다.

메뉴판을 보며, 오늘 저녁 당신을 가장 따뜻하게 안아 줄 리추얼을 직접 조합해 보세요.

PART.2 :

6장 | 소화와 휴식의 약속이 가벼운 내일을 세운다

뼈대를 무너뜨리는 야간 공사, 먹고 바로 눕는 밤

 저는 외부의 소음을 차단하고, 아늑한 불빛과 음악으로 평온한 공간을 만드는 데는 어느 정도 성공할 수 있었습니다. 그런데 예상치 못한 복병이 남아 있었습니다. 바로 피할 수 없는 '늦은 저녁 식사'였죠. 회식이 늦게 끝나거나 급한 일이 생겨 저녁을 9시 이후에 먹는 경우, 어김없이 다음 날 아침에 몸은 천근만근이었고 속은 더부룩했습니다. 분명 꽤 건강한 식사였는데도 말이죠.

 '왜일까? 건강한 저녁을 먹고 바로 잠들었을 뿐인데, 왜 몸은 야식을 먹었을 때와 비슷한 반응을 보이는 걸까?'

 처음에 저는 가정의학과 의사로서 그 원인이 '위식도 역류질환'일 것으로 막연히 짐작했습니다. 음식이 위에서 소화되는 중에 누우면 위산이 역류하기 쉽다는 것은 기본적인 의학 상식이니까요. 하지만 잠을 자도 제대로 잔 것 같지 않은 깊은 피로감의 원인을 설명하기엔 무언가 부족했습니다.

 저는 소화와 수면의 관계에 대한 연구들을 더 깊이 들여다보기 시작했습니다. 그리고 우리 몸의 소화기관 역시 뇌와 마찬가지로 밤이 되면 '야간 근무 모드'로 전환된다는 사실을 발견했습니다! 낮 동안 활발하게 움직이던 위장의 연동 운동은 밤이 되면 현저히 느려지고, 소화액 분비 또한 줄어듭니다. 몸이 '소화 모드'에서 '수면 및 회복 모드'로 전환될 준비를 하는 것이죠.

그런데 이때 음식이 들어오면 어떻게 될까요? 우리의 몸은 혼란에 빠집니다. 이미 퇴근 준비를 마친 소화기관을 억지로 붙잡고 야근을 시키는 셈입니다. 위장관 입장에서 보면 제가 악덕 기업 대표였던 것이죠. 위장은 더디게 움직이며 음식을 소화시키느라 밤새 끙끙대고, 이 과정에서 발생하는 가스와 더부룩함은 수면을 방해합니다.

이러한 현상에 대한 연구는 인상적인 깨달음을 주었습니다. 연구팀은 젊고 건강한 사람들에게 똑같은 저녁을 한 번은 오후 6시에, 다른 한 번은 밤 10시에 먹게 했습니다. 그 결과, 늦게 식사했을 때 우리 몸은 혈당을 다루는 데 훨씬 더 힘겨워했고, 지방을 처리하는 능력 또한 눈에 띄게 떨어졌습니다.[1] 그러니까 늦은 밤 떡볶이는 제 뱃살까지 만들고 있었던 것입니다!

저는 이 연구를 보면서 이런 생각을 해 봤습니다. 그리고 실천도 해 보았죠. "오호, 먹고 바로 자면 속도 안 좋고, 살도 찐다는 거니까... 좀 더 깨어 있다가 2시쯤 자야겠다." 그러면서 넷플릭스 정주행까지 합리화하기도 했죠. 하지만 놀랍게도 우리 몸의 생체 시계는 그렇게 단순하지 않았습니다.

다른 연구가 그에 대한 답을 주었죠. 늦은 시간에 식사를 하면, 그 후에 얼마나 깨어 있다가 자는지와 상관없이 우리 몸의 대사는 이미

부정적인 영향을 받기 시작한다는 것입니다.[2]

왜 이런 현상이 나타나는 걸까요? 그 비밀의 열쇠는 바로 밤의 호르몬, '멜라토닌'이 쥐고 있었습니다. 밤이 되면 우리 몸은 수면을 준비하기 위해 멜라토닌을 분비하는데, 이 호르몬은 혈당 조절 능력을 방해합니다. 즉, 멜라토닌이 분비되면 몸은 '이제 잘 시간이야.'라는 신호를 보내는데, 음식물이 들어오면 '에너지를 처리해!'라는 정반대의 임무를 주게 되는 것이죠. 그 결과 식사 후 혈당은 더 높고 오래 유지될 수밖에 없습니다.[3]

설상가상으로, 늦은 저녁 식사는 우리를 더 깊은 허기와 피로의 덫에 가두기까지 합니다. 연구에 따르면, 저녁을 늦게 먹는 사람들은 일찍 먹는 경우보다 더 큰 허기를 느끼고, 반대로 칼로리 소모는 더 줄어든다는 사실이 밝혀졌습니다. 심지어 우리 몸의 세포 수준에서 지방 축적을 촉진하도록 신호를 보낸다는 점도 확인되었습니다.[4]

야식은 단순히 소화기관을 야근시키는 문제에서 끝나지 않습니다. 오히려 잠을 방해해 피곤하게 하고, 뱃살은 더 쉽게 쌓이게 하면서, 다음 날 더 심한 허기를 불러오는 악순환을 만드는 것입니다.

더 심각한 문제는, 우리 몸이 밤에 해야 할 가장 중요한 임무를 놓친다는 점입니다. 밤은 낮 동안 지친 몸을 재정비하는 유일한 시간으로, 이때 손상된 세포를 복구하고 노폐물을 청소하며 호르몬 균형을 맞춥니다. 하지만 소화에 모든 에너지를 쏟아붓느라, 중요한 회복 시스템 전체가 멈춰 버리는 것입니다.

결국 '먹자마자 눕는 밤'은 단순히 소화 불량을 넘어, 우리 몸의 회복 시스템 전체를 마비시키는 결과를 낳습니다. 잠을 자는 내내 우리 몸은 쉬는 것이 아니라, 힘겨운 '야간 노동'을 하는 셈이죠. 세상에 이런 회사가 있다면, 정말 악덕 기업인 거죠.

가벼운 내일을 세우는 3시간의 약속

제가 위장관의 '악덕 대표'였음을 깨닫고 나니, 해결책은 명확해졌습니다. 직원(소화기관)들이 밤에 쉴 수 있도록 퇴근 시간을 보장해 주는 것. 즉, 잠들기 전에 소화가 충분히 끝날 수 있는 시간을 확보해 주는 것이었죠.

그렇다면 그 '충분한 시간'은 과연 몇 시간일까요? 일반적으로 우리가 먹은 음식이 위를 떠나 소장으로 이동하는 데는 평균적으로 2~4시간 정도가 걸립니다. 하지만 이것은 단순히 위가 비는 시간만을 의미하지 않습니다. 핵심은 우리 몸 전체가 '소화 모드'에서 '수면 모드'로 안전하게 전환되는 데 필요한 최소한의 시간입니다. 그리고 대부분의 전문가와 연구들은 그 마지노선으로 최소 3시간을 권장하고 있습니다.

이 '3시간'이 왜 중요한지에 대한 단서는 위식도 역류질환 연구에서 찾을 수 있었습니다. 한 연구는 저녁 식사 시간과 수면 중 위산 역류 사이의 관계를 명확하게 보여 주었습니다. 연구자들은 저녁 식사 후

3시간 이내에 잠자리에 드는 사람들은 그렇지 않은 사람들보다 역류성 식도염 증상을 경험할 위험이 현저히 높다는 것을 발견했습니다.[5]

우리가 흔히 '속쓰림'으로 느끼는 이 증상은, 사실 수면 중에 우리도 모르는 사이에 미세한 각성을 일으켜 잠의 구조를 망가뜨리고 회복을 방해하는 주범입니다. 즉, 3시간의 약속은 단순히 속 편한 아침을 위한 것이 아니라, 밤새 깨지 않는 통잠을 지키기 위한 최소한의 안전거리였던 셈입니다.

'최소 3시간.'

이 숫자는 제게 단순한 권장 사항을 넘어, 제 몸과 맺는 하나의 '약속'처럼 다가왔습니다. 밤새도록 혹사당해 왔던 내 몸에게 주는 최소한의 예의이자, 깊은 잠과 상쾌한 아침을 되찾기 위한 구체적인 약속이었습니다.

저는 그날부터 새로운 실험에 돌입했습니다. '취침 3시간 전, 회복의 시간 시작하기'로, 밤 8시 이후로는 물이나 허브티를 제외한 어떤 것도 먹지 않는다는 원칙이었습니다.

솔직히 말해, 이 약속은 처음부터 쉽지 않았습니다. 하루 이틀 잘하다가도, 피곤한 날에는 어김없이 무너지곤 했죠. 하지만 진짜 놀라운 변화는 약속을 '억지로 지켜 낸 뒤'가 아니라, '어쩌다 지킨 다음 날 아침'에 찾아왔습니다.

이전에는 아침에 눈을 뜨면 늘 왠지 모를 허기짐에 시달렸습니다. 알고 보니 그것은 진짜 배고픔이 아니라, 밤새 역류한 위산이 만들어 낸 '속 쓰림'이었죠. 그 가짜 허기에 속아 빵이나 믹스 커피로 아침을 시작하는 악순환이 반복되곤 했습니다.

하지만 저녁 멈춤을 실천한 다음 날 아침은 완전히 달랐습니다. 퉁퉁 부은 얼굴과 찌뿌둥함 대신, 진짜 '개운함' 속에서 아침을 맞이할 수 있었거든요. 마치 밤새 위장에 매달려 있던 무거운 모래주머니가 사라진 듯 가뿐했습니다. 잠의 질도 달라져, 중간에 깨는 일 없이 훨씬 더 깊고 편안하게 잘 수 있었죠.

이 압도적인 컨디션 차이를 몇 번 경험하자, 더 이상 애쓸 필요가 없었습니다. 제 몸이 먼저 그 상쾌함을 기억하고 원하게 된 것입니다.

심리학에서는 이것을 '긍정 강화(Positive Reinforcement)'라고 부릅니다. 어떤 행동을 했을 때 기분 좋은 '보상'이 주어지면, 억지로 애쓰지 않아도 저절로 그 행동을 더 하고 싶어지는 원리죠. 저에게는 '개운한 아침'이라는 선물이 그 어떤 의지나 다짐보다 강력한 보상이자 동력이 되어준 셈입니다.

이 경험을 통해 저는 '3시간의 약속'이 주는 의미를 온몸으로 깨닫게 되었습니다. 이것은 단순히 음식을 참는 시간이 아니었습니다. 소화기관이 편안히 하루를 마감하고 몸 전체가 온전히 '회복'에 집중할 수 있도록 스스로 마련해 주는 신성한 시간이었습니다.

갑작스러운 공사에도 무너지지 않는 법

'취침 3시간 전 식사 마감'이라는 약속은 평온한 저녁에는 비교적 지키기 쉬웠지만, 종종 의지만으로는 어쩔 수 없는 현실의 벽에 부딪히곤 했습니다. 바로 한국의 직장인이라면 누구도 피하기 어려운 '회식'과 '야근'이라는 변수였죠.

모든 이론을 알고 나니, 어쩔 수 없는 상황에 놓였을 때의 괴로움은 오히려 더 커졌습니다. 늦은 밤 뭔가를 먹으면 내 몸에서 어떤 일이 일어나는지 훤히 알게 되었는데 회식에 참석해야 할 때가 특히 그랬죠. 심지어 동료 의사들과 함께 기름진 음식과 술을 마시면서 '어떻게 몸에 안 좋은 걸 알면서도 저렇게 아무렇지 않을까?' 하는 생각마저 들었습니다.

하지만 동료 의사들에게 훈계하듯 건강 강의를 할 수는 없는 노릇이었습니다. 그러다 보니 처음에는 약속을 지키지 못했다는 죄책감에 시달렸지만, 꼭 100점짜리 하루가 될 필요는 없다는 생각이 들었습니다. '살면서 내가 100점 받은 적이 얼마나 된다고?' 하면서 말이죠. 완벽할 수 없는 상황에서 우리의 목표는 '포기'나 '자책'이 아니라 '최선'이 되어야 합니다. 100점이 아니면 다 포기하고 0점을 받는 것이 아니라, 70점 정도를 받는 것도 괜찮다는 거죠. 어쩔 수 없이 늦게 먹어야 한다면, 우리 몸의 '야간 노동' 강도를 조금이라도 줄여 주는 지혜가 필요했습니다.

'어떻게 하면 늦은 식사의 데미지를 최소화할 수 있을까?' 그 해답은 바로 '무엇을, 어떤 순서로 먹는가'에 있었습니다. 이러한 전략의 과학적 근거는 우리 몸의 혈당 조절 메커니즘에 있습니다. 늦은 밤, 빈속에 밥이나 면 같은 정제 탄수화물이 먼저 들어가면 우리 몸의 혈당은 급격히 치솟았다가 곤두박질치는 '혈당 롤러코스터'를 타게 됩니다. 이는 수면 중 각성을 유발하고, 지방 축적을 촉진하는 최악의 시나리오죠.

하지만 식사 순서를 바꾸는 것만으로도 급격한 롤러코스터가 아니라 완만한 언덕으로 바꿀 수 있습니다. 한 연구에 따르면, 탄수화물보다 단백질과 채소를 먼저 섭취했을 때 식후 혈당 상승 폭이 현저히 낮아지는 것으로 나타났습니다.[6] 채소의 섬유질과 단백질이 위장에서 '방어벽' 역할을 하여, 이후에 들어오는 탄수화물의 소화 및 흡수 속도를 늦춰주기 때문입니다.

저는 이러한 원리를 바탕으로 몇 번의 회식과 야근을 거치며 저만의 **'늦은 식사 생존 가이드'**를 완성했습니다.

1. 첫 접시는 무조건 단백질과 채소로 채우세요.

늦은 밤, 빈속에 정제된 밥이나 면부터 먹는 것은 혈당을 급격히 올리고 소화에 큰 부담을 줍니다. 그래서 저는 회식 자리에서 첫 접시는 무조건 샐러드나 나물, 그리고 고기나 두부 같은 단백질로 채운다는 저만의 규칙을 만들었습니다. 채소의 섬유질과 단백질이 위장에 먼저 들어가면 혈당 상승을 억제하고 위 배출 속도를 늦추어, 이후 들어오는 탄수화물과 알코올의 흡수를 완충해 줍니다.

2. 물을 의식적으로 자주 마시세요.

특히 술을 마셔야 하는 회식 자리라면, 술 한 잔에 물 한 잔을 마시는 것을 원칙으로 삼았습니다. 물은 알코올의 흡수를 늦추고 포만감을 주어 과식을 막는 가장 훌륭한 조력자입니다.

3. 밥이나 면은 가장 마지막에 '맛만 보세요'.

탄수화물은 우리 몸의 주된 에너지원이지만, 밤 늦은 시간 섭취는 소화에 부담을 주는 주범이 되기도 합니다. 저는 밥이나 면 같은 탄수화물은 단백질과 채소를 충분히 먹은 뒤, 가장 마지막에 맛보는 정도로 순서를 바꿨습니다. 순서만 바꿔도 전체 식사량을 자연스럽게 조절하고, 소화 부담을 크게 줄일 수 있습니다.

이 전략은 '3시간의 약속'을 완벽하게 지키지 못했다는 죄책감에서 우리를 구해 주는 현실적인 구명보트입니다. 피할 수 없는 상황이라면, 그 안에서 내 몸을 위한 최선의 선택을 하는 것. 그것이 바로 나를 아끼는 진짜 '저녁 회복'의 시작입니다.

여기서 우리가 기억해야 할 마지막 지혜가 있습니다. 한 번의 늦은 식사로 무너진 우리 몸의 리듬이 완전히 회복되는 데는 생각보다 오랜 시간이 걸린다는 사실입니다. 염증 반응, 호르몬 불균형, 장내 환경의 변화가 제자리로 돌아오기까지는 보통 48시간에서 72시간이 필요합니다. 따라서 목요일 저녁에 회식이 있었다면, 금요일 저녁에는 친구들과 약속을 잡기보다 의식적으로 몸을 쉬게 해 주는 것이 좋습니다. 연이은 타격은 우리 몸의 회복 시스템을 완전히 마비시킬 수 있습니다. 피할 수 없는 일정을 현명하게 분산시키는 것. 이것 역시 내 몸을 위한 '최선'의 선택이자, 나를 지키는 중요한 기술입니다.

7장 | 완벽한 하루의 마무리, 가장 아늑한 공간에 불을 켜다

최고의 수면을 위한 마지막 준비

지금까지 자신을 위한 평온한 집을 만들기 위해, 귀가 리추얼과 감각 리추얼로 '저녁 회복'을 하고, 소화기관에 완전한 휴식을 선물했습니다. 지금까지의 상태는 깊고 평온한 잠이라는 목적지를 향해 천천히 고도를 낮추고 있는 비행기와 같습니다. 하지만 바로 이 마지막 단계에서 많은 분들이 안전한 착륙에 실패하곤 합니다.

분명 몸은 피곤한데, 침대에 눕는 순간 온갖 걱정과 내일 할 일들이 꼬리를 물고 머릿속을 헤집어 놓는 경험, 다들 있으시죠? 몸의 스위치는 꺼졌지만, 마음의 스위치는 여전히 켜져 있는 것입니다. 이 마지막 1시간을 어떻게 보내느냐에 따라, 우리의 밤은 뒤척임으로 끝날 수도, 완벽한 회복으로 이어질 수도 있습니다.

비행기가 활주로에 곤두박질치듯 급하게 착륙한다면 승객인 우리는 매우 불안해질 것입니다. 하루 종일 바쁘게 돌아가던 우리의 뇌와 몸을 잠들기 전에 갑자기 '탁' 꺼버리는 것은 바로 이와 같습니다. 우리에게 필요한 것은 충격 없이 부드럽게 멈추는 안전한 연착륙입니다.

이처럼 편안한 밤을 맞이하기 위해 몸과 마음의 속도를 서서히 줄여 주는 습관들을 저는 '**윈드-다운(Wind-down) 리추얼**'이라 부릅니다.

1단계: 디지털 세상과 작별하기(Digital Sunset)

잠들기 최소 1시간 전, 의식적으로 모든 스크린과 작별 인사를 하세요. 이것은 우리가 앞에서 확인했듯, 스마트폰 불빛이 수면 호르몬 멜라토닌 분비 방해를 막는 가장 기본적인 방어법입니다. 침실을 오직 잠과 휴식만을 위한 신성한 공간으로 만들고, 그 어떤 종류의 스크린도 반입을 금지하는 규칙을 세우세요. 이것은 뇌에게 '이제 정말 밤이야.'라고 알려 주는 가장 강력한 신호입니다.

2단계: 머릿속 소음 잠재우기(Brain Dump)

고요한 침실에 누웠지만 머릿속이 시끄럽다면, 작은 노트와 펜을 준비해 보세요. 그리고 머릿속에 떠다니는 모든 걱정과 내일의 할 일들을 남김없이 적어 내려가는 겁니다. 저는 이것을 '**브레인 덤프(Brain Dump)**', 즉 머릿속 쓰레기통 비우기라고 부릅니다.

이 간단한 행위의 힘은 생각보다 강력합니다. 실제로 한 연구에 따르면, 잠들기 전 5분 동안 '내일 해야 할 일' 목록을 구체적으로 작성한 사람들은, 이미 '끝낸 일'에 대해 일기를 쓴 사람들보다 훨씬 더 빨리 잠드는 것으로 나타났습니다.[1] 할 일 목록을 작성하는 행위가 머릿속에 맴도는 불확실한 생각들을 '외장 하드(노트)'로 옮겨 주는 역할을 하여, 뇌의 인지적 부담을 덜어 주었기 때문입니다.

'내일 아침 부장님께 보고하기', '아이 준비물 챙기기', '세탁소에서 옷 찾아오기', 이러한 생각들을 머리에 이고 자는 대신, 종이 위에 내려놓으세요. 우리의 뇌는 비로소 안심하고 휴식 모드에 들어갈 수 있습니다.

3단계: 몸과 마음의 연결고리 찾기

머릿속을 비워 냈다면, 이제 몸의 감각을 깨울 차례입니다. 아주 단순하고, 지루할 정도로 평온한 활동이 좋습니다.

- **가벼운 스트레칭**: 뭉친 어깨와 등을 부드럽게 늘려 주며 몸의 긴장을 풀어 줍니다.
- **종이책 읽기**: 자극적인 내용이 아닌, 편안한 소설이나 에세이를 몇 페이지 읽는 것은 마음을 차분하게 가라앉히는 훌륭한 방법입니다.
- **잔잔한 음악 듣기**: 가사 없는 연주곡이나 자연의 소리를 들으며 호흡에 집중해 보세요.

이 마지막 30분의 '윈드-다운 리추얼'은 하루 종일 켜져 있던 당신의 모든 스위치를 끄고, 몸과 마음을 가장 깊은 휴식의 상태로 안전하게 안내하는 과정입니다. 이 의식이 끝날 때, 당신은 억지로 잠을 청하는 것이 아니라, 잠이 당신을 찾아오는 평화로운 경험을 하게 될 것입니다.

스스로 잠의 문을 여는 몸을 만드는 법

우리가 잠들기 전 1시간 동안 실천하는 '윈드-다운 리추얼'은 단순히 마음을 편안하게 만드는 심리적인 기술을 넘어섭니다. 이 모든 행동은 몸 안에 내장된 두 가지 강력한 자연의 시계를 완벽하게 조율하여, 우리 몸이 억지로 잠드는 것이 아니라 스스로 잠의 문을 열도록 만드는 과학적인 과정입니다.

우리 몸의 수면은 두 가지 시스템에 의해 정교하게 조절됩니다.

첫 번째는 '수면 압력(Sleep Pressure)'입니다. 아침에 눈을 뜨는 순간부터 우리 뇌에는 '아데노신'이라는 피로 물질이 차곡차곡 쌓이기 시작합니다. 마치 모래시계처럼, 깨어 있는 시간이 길어질수록 이 수면 압력은 점점 더 높아져 우리를 잠들고 싶게 만듭니다.

두 번째는 '생체 시계(Circadian Rhythm)'입니다. 우리 뇌의 사령탑은 낮 동안에는 우리 몸에 "깨어 있어!"라는 각성 신호를 보내 수면 압력과 싸워 이기도록 돕습니다. 그러다 밤이 되면, 이 각성 신호는 "이제 쉴 시간이야."라는 수면 신호로 바뀝니다.

최고의 잠은 바로 이 두 가지 시스템이 완벽한 하모니를 이루는 순간 찾아옵니다. 즉, 하루 종일 쌓여 최고조에 달한 수면 압력과, 생체 시계가 보내는 강력한 수면 신호가 밤 11시경에 정확히 만나는 것이죠.

이 원리를 이해하면, 우리는 더 이상 잠과 씨름할 필요가 없습니다. 잠은 노력해서 쟁취하는 것이 아니라, 내 몸의 자연스러운 리듬을 존중하고 그에 맞는 환경을 만들어 줄 때 저절로 찾아오는 선물과도 같습니다.

실제로 수면 과학자들은 이 두 가지 시스템의 조화가 얼마나 중요한지에 대해 꾸준히 강조해 왔습니다. 한 연구에 따르면, 아무리 수면 압력이 높아도(즉, 아무리 피곤해도) 생체 시계가 보내는 각성 신호가 강한 시간대에는 잠들기 어렵고, 잠들더라도 수면의 질이 떨어지는 것으로 나타났습니다.[2]

우리의 목표는 잠을 '만드는 것'이 아니라, 내 몸이 가진 본연의 힘을 믿고 잠이 찾아올 수 있는 '길을 열어 주는 것'입니다. 아침에는 햇살로 문을 열고, 낮에는 활동으로 에너지를 채우며, 저녁에는 리추얼로 하루를 차분히 닫아 주는 것. 이 모든 과정이 쌓일 때, 우리의 몸은 비로소 스스로 잠의 문을 여는 시스템을 되찾게 될 것입니다.

이제, 편안하게 잠자리에 들 시간입니다

이 책의 첫 장에서부터 지금까지 우리는 참 긴 여정을 함께 걸어왔습니다. 야식이라는 결과 뒤에 숨어 있던 진짜 원인을 찾았고, 고장 난 우리 몸의 시스템을 바로잡기 위해 하루의 리듬을 다시 설계했습니다. 그리고 마침내, 우리는 이 고요한 밤의 문턱에 서게 되었습니다.

'윈드-다운 리추얼'을 통해 머릿속의 소음을 잠재웠고, 내 몸 안의 두 개의 시계가 완벽한 하모니를 이루도록 길을 열어 주었습니다. 이

제 더 이상 억지로 잠을 청할 필요가 없습니다. 잠은 싸워서 이겨야 할 적이 아니라, 하루 종일 애쓴 나를 안아 주기 위해 찾아오는 가장 다정한 친구와도 같으니까요.

오늘 하루, 당신은 정말 최선을 다했습니다. 치열했던 낮의 전투를 무사히 마쳤고, 저녁 3시간의 리추얼을 통해 몸과 마음을 정성껏 돌보았습니다. 이제 당신이 할 일은 아무것도 없습니다. 그저 이불 속의 아늑함과 포근함을 느끼며, 스르르 찾아오는 잠의 흐름에 몸을 맡기기만 하면 됩니다.

> "혹시 오늘 하루, 계획대로 되지 않은 일이 있더라도 괜찮습니다.
> 실수했다면, 그 마음은 '브레인 덤프' 노트에 잠시 맡겨 두세요.
> 아쉬움이 남는다면, 내일의 태양이 다시 떠오를 것임을 믿으세요.
> 당신은 오늘 밤, 깊고 평온한 잠을 잘 자격이 충분합니다.
> 이 잠이 당신의 지친 세포를 복구하고, 헝클어진 감정을 정리하며,
> 내일 아침 새로운 에너지로 가득 찬 당신을 만나게 해 줄 것입니다.
> 오늘 밤, 부디 완벽한 밤이 아닌 다정한 밤을 보내시길 바랍니다.
> 11시에 일단 누워 보세요. 잠이 들지 않더라도 눈을 감고 쉬는 것만으로도 몸과 마음은 회복됩니다."

2부를 마무리하며: 당신은 이미 몸의 집을 지었습니다

 축하합니다. 2부의 여정을 마친 당신은, 더 이상 밤의 유혹 앞에서 속수무책으로 흔들리지 않는 단단한 '몸의 집'을 지었습니다.

 '저녁 멈춤'으로 몸에게 휴식을 선물하는 법을 배웠고, '귀가 리추얼'과 '감각 리추얼'을 통해 하루의 소음과 긴장으로부터 나를 지키는 울타리를 세웠습니다. '취침 전 3시간의 약속'으로 소화기관에 평화를 주었고, '윈드-다운 리추얼'로 깊은 잠의 문을 여는 열쇠까지 손에 쥐었습니다.

 이것은 단순히 몇 가지 행동을 배운 것이 아닙니다. 당신은 하루의 스트레스가 밤의 평화를 침범하지 못하도록 막아 주는 튼튼한 '방파제'를 쌓은 것입니다. 이제 당신의 몸은 스스로 회복하고 재정비하는 고유의 리듬을 되찾을 준비를 마쳤습니다.

 하지만 모든 것을 완벽하게 지켜내더라도, 어느 날 밤 문득 이런 순간이 찾아올지 모릅니다.

 분명 배도 고프지 않고 몸도 편안한데 아무런 이유 없이 냉동실 문을 열고 있는 나를 발견하는 순간, 튼튼한 방파제를 쌓았음에도 불구하고 성벽 안에서부터 알 수 없는 파도가 밀려오는 듯한 그 순간 말입니다.

 그것은 아직 마지막 퍼즐 조각이 남아 있음을 알려 주는 신호입니다. 몸의 집은 완성되었으니, 이제는 그 집 안에 살고 있는 '**마음**'의 목소리에 귀 기울일 시간입니다.

3부에서는 드디어 '마음 채우기'의 기적이 시작됩니다.

우리는 식욕이라는 가면 뒤에 숨어 있던 '화, 외로움, 피곤함'이라는 감정의 진짜 얼굴을 마주하게 될 것입니다. 짜릿한 도파민의 밤을 잔잔한 세로토닌의 밤으로 바꾸는 법을 배우고, 당신만의 '마음 구급상자'를 채워 나갈 것입니다.

몸의 기술을 익힌 당신, 이제 마음의 지혜를 더할 시간입니다.

떡볶이
먹는
의사

03

| PART 3 |

2단계

따뜻한 집의 중심, 마음 돌보기

떡볶이 먹는 의사

떡볶이
먹는
의사

PART.3 :

8장 | 그날 밤, 나는 배고픈 게 아니라 화가 난 거였어

HALT: 내 마음의 진짜 목소리를 듣는 법

PART2의 여정을 거치며 저의 저녁은 거의 완벽에 가까워졌습니다. '저녁 회복'과 '3시간의 약속'을 지켰고, '최고의 탄단지 조합'으로 '20분의 마법'을 실천했죠. 저는 이제 야식의 굴레에서 완전히 해방되었다고 믿었습니다.

하지만 갑자기 완벽하다고 믿었던 시스템에 균열이 찾아왔습니다. 모든 것을 완벽하게 지켜 낸 어느 날 밤이었습니다. 분명히 배도 부르고 몸도 편안했습니다. 그런데 갑자기, 아무런 이유 없이 냉동실의 아이스크림 통을 향해 돌진하는 자신을 발견했습니다. 마치 다른 사람이 제 몸을 조종하는 것처럼, 이성적인 생각은 조금도 끼어들 틈이 없었습니다.

그날 밤, 아이스크림 통을 앞에 두고 저는 깊은 혼란에 빠졌습니다. '대체 왜?' 물리적인 허기와 습관의 고리는 모두 끊어 냈다고 생각했는데, 여전히 저를 무너뜨리는 이 강력한 힘의 정체는 무엇이었을까요?

저는 문제의 원인이 몸이 아닌 '마음'에 있다는 것을 직감했습니다. 그리고 중독 치료나 심리 상담 분야에서 사용하는 도구들을 다시 공부하기 시작했습니다. 그러다 아주 단순하지만 강력한 네 글자를 만나게 되었습니다. 바로 'HALT'였습니다.

- Hungry (배고픔)
- Angry (화남)
- Lonely (외로움)
- Tired (피곤함)

이 네 가지 상태일 때, 우리는 비이성적인 충동에 대해 가장 취약해진다는 이론이었습니다. 그저 단어의 나열처럼 보이는 'HALT'는 그날 밤 저의 행동을 설명해 주는 완벽한 열쇠가 되었습니다.

이 개념은 수많은 연구를 통해 과학적으로 증명되었습니다. 예를 들어, 한 연구에서는 참가자들에게 슬픈 감정을 유발한 뒤 음식 선택을 관찰했는데, 감정적으로 힘들 때 사람들은 건강한 음식 대신 아이스크림이나 과자 같은 고칼로리 '위안 음식(comfort food)'을 훨씬 더 많이 선택했습니다.[1] 또 다른 연구에서는 사회적으로 고립감을 느끼는, 즉 외로운 사람들이 그렇지 않은 사람들보다 단 음식에 대한 갈망이 더 크다는 사실을 밝혀냈습니다.[2] 피로감 역시 마찬가지였습니다. 우리가 2장에서 확인했듯, 잠이 부족하면 충동을 조절하는 전두엽 피질의 기능이 떨어져 감정적인 식사에 취약해집니다.[3] 이 모든 연구는 한 가지 사실을 가리키고 있었습니다. 우리의 마음이 화나고, 외롭고, 피곤할 때, 음식은 가장 손쉬운 감정 조절 도구가 된다는 것을요.

저는 그날 하루를 되짚어 보았습니다. 아침부터 병원은 정신없이 바빴고, 점심 시간에는 급히 처리할 논문 작업이 있었습니다(Tired). 오후에는 동료와 의견 충돌이 있었고, 부당하다는 생각에 속으로 분을 삭여야 했습니다(Angry). 집에 들어가면 보나마나 아들이 놀자고 보챌 것이므로 버스 정류장 앞에서 혼자 저녁을 먹었죠(Lonely).

그제야 저는 깨달았습니다. 그날 밤 저를 아이스크림 통 앞으로 이끈 것은 배고픔이 아니었습니다. 바로 하루 종일 제 안에 쌓여 있다가 끝내 터져 버린 '화'와 '피로감', 그리고 '외로움'이었습니다. 특히 제때 표현하지 못하고 억눌러 두었던 분노는, 밤이 되자 음식이라는 가장 손쉬운 분출구를 찾아 폭발했던 것입니다.

배고픈 게 아니라, 화가 난 거였어.

이 문장을 되뇌는 순간, 오랜 시간 저를 괴롭혔던 문제의 핵심을 관통하는 듯한 전율을 느꼈습니다. 육퇴 후 과자를 찾던 지혜 씨는 어쩌면 피곤함과 외로움에 지쳐 있었을 것이고, 늘 완벽해 보였던 수진 씨는 아무도 알아주지 않는 분노를 떡볶이로 삭이고 있었을지 모릅니다.

이 깨달음은 저에게 완전히 새로운 길을 열어 주었습니다. 이제부터 우리가 할 일은 식욕과 싸우는 것이 아닙니다. 식욕이라는 가면 뒤에 숨어 있는 진짜 감정을 불러 주는 것입니다.

'알아차림'의 힘: 내 감정에 이름을 붙여 주세요

'HALT'. 이 네 글자는 제게 단순한 이론을 넘어, 야식과의 전쟁에서 승리할 수 있는 가장 강력한 무기가 되어 주었습니다. 하지만 무기를 손에 쥐는 것만으로는 소용이 없죠. 그것을 어떻게 사용하는지 익히는 과정이 필요했습니다.

저는 그날 이후, 정체 모를 식욕이 저를 덮치려는 순간마다 의식적으로 '멈춤' 버튼을 누르는 연습을 시작했습니다. 그리고 냉장고로 향하는 대신, 스스로 질문을 던졌습니다.

"지금 내가 진짜로 원하는 게 뭐야?"

이 질문에 답하기 위해, 저는 'HALT'를 '감정 체크리스트'로 활용했습니다.

- **Hungry(배고픈가?)**

"아니, 저녁 먹은 지 2시간밖에 안 지났어. 이건 진짜 배고픔이 아니야."

- **Angry(화가 났나?)**

"응, 오늘 낮에 있었던 그 일이 자꾸 생각나. 정말 부당했어. 화가 나."

- **Lonely (외로운가?)**

"조금. 텅 빈 집에 혼자 있으니 마음이 허전하네."

- **Tired (피곤한가?)**

"응, 오늘 정말 힘들었어. 몸도 마음도 다 지쳤어."

처음에는 어색했습니다. 하지만 이 과정을 몇 번 반복하자 놀라운 일이 벌어졌습니다. '알 수 없는 강력한 식욕'이라는 정체불명의 괴물 같았던 감정에 '화남', '외로움', '피곤함'이라는 구체적인 이름을 붙여 주는 순간, 그것은 더 이상 저를 압도하지 못했습니다. 어릴 때 어둠 속에서 괴물처럼 보이던 정체가 불을 켜 보니 벽에 걸린 코트였음을 알게 되었던 것처럼요. 이 경험은 제게 '감정 명명하기(Affect Labeling)'라는 심리학적 기법의 힘을 온몸으로 깨닫게 해 주었습니다.

UCLA의 한 연구팀은 참가자들에게 두려움을 유발하는 사진을 보여 주면서 뇌의 반응을 관찰했습니다. 그냥 사진을 볼 때, 참가자들의 뇌에서는 감정의 경보 시스템인 편도체가 강하게 활성화되었습니다. 하지만 사진 속 감정에 '두려움'이라는 이름을 붙이자 놀랍게도 편도체의 활동은 눈에 띄게 감소하고, 이성적 판단을 담당하는 전두엽 피질이 활성화되었습니다.[4] 즉, 감정에 이름을 붙이는 행위는 우리 마음의 경보음을 끄고, 이성의 스위치를 켜는 가장 효과적인 방법이었던 것입니다.

> '아, 내가 지금 아이스크림이 먹고 싶은 게 아니구나. 나는 그저 화가 난 내 마음을 달래고 싶었던 거구나.'

이 깨달음은 제가 왜 그토록 음식 앞에서 무력했는지 설명해 주었습니다. 또 다른 연구에서는 자신의 감정을 명확하게 구분하고 알아채는 능력이 낮은 사람들일수록 감정적인 식사 경향이 더 높게 나타난다는 사실을 보여 주었습니다.[5] 감정의 정체를 모르니, 모든 불편한 신호를 그저 '배고픔'이라는 가장 익숙한 이름으로 해석하고 있었던 셈입니다.

이것은 저에게만 일어난 마법이 아니었습니다. 늘 완벽해 보였던 수진 씨는 매운 떡볶이가 당길 때마다 자신의 '분노'를 들여다보기 시작했습니다. 그리고 육퇴 후 과자를 찾던 지혜 씨는 과자 봉지 대신 자신의 '피곤함'과 '외로움'을 먼저 안아 주었습니다.

물론 감정에 이름을 붙여 준다고 해서 그 감정이 즉시 사라지는 것은 아닙니다. 화는 여전히 그 자리에 있고, 외로움도 쉽게 가시지 않죠. 하지만 가장 중요한 변화가 시작됩니다. 우리의 질문이 바뀌기 때문입니다.

'어떻게 하면 이 식욕을 참을 수 있을까?'에서 '어떻게 하면 지금 내 마음을 건강하게 위로해 줄 수 있을까?'로요.

이러한 질문의 전환이야말로, 야식의 굴레에서 벗어나서 진짜 '나를 돌보는 밤'으로 전환하는 가장 중요한 한 걸음입니다. 실제로 자신의 감정을 회피하지 않고 수용하는 태도가 감정 조절에 더 효과적이라는 연구 결과는 이를 뒷받침합니다.[6] 감정을 억누르려 할수록 오히려 더 커지지만, 그 존재를 인정하고 이름을 불러 주는 순간 우리는 비로소 감정의 주인이 될 수 있습니다.

내 걱정을 맡아 주는 작은 친구

 감정에 이름을 붙여 주는 것만으로도 마음의 폭풍우는 한결 잠잠해졌습니다. 하지만 어떤 날은 여전히 감정의 편린이 떠나지 않고 계속해서 맴돌았습니다. '화가 났구나.'라고 알아차렸지만, 그 감정이 꼬리에 꼬리를 물고 이어지면서 잠을 방해하는 밤이 계속되었죠.

 그리고 앞에서 연습한 브레인 덤프 수첩에 할 일을 적고 누워도, 감정이 올라오는 것은 어쩔 수 없었습니다. 그러던 어느 날, 책상 서랍 한 귀퉁이에 대학교 동아리 때 인류학에 심취해 있었던 선배가 준 선물이 생각났습니다. 아주 작은 인형이 6개 정도 들어 있는 작은 주머니였습니다.

 과테말라 마야 부족들은 잠들기 전 작은 인형에 걱정을 털어 놓고 주머니에 넣어 베개 밑에 넣어 두면 인형이 밤새 그 걱정을 대신 가져가 준다고 믿는 풍습이 있다면서, 인턴이 되는 저에게 준 선물이었습니다.

장난처럼 그 인형에게 오늘 저를 가장 힘들게 했던 걱정거리를 속삭였습니다. "오늘 A 교수님 때문에 너무 화가 났어. 내 마음을 아무도 알아주지 않는 것 같아 속상해."라고 말하며 인형을 작은 파우치에 넣어 배게 밑에 넣었습니다.

다음 날 아침, 저는 놀라운 평온함 속에서 눈을 떴습니다. 어젯밤 저를 짓누르던 걱정의 무게가 거짓말처럼 가벼워져 있었습니다. 이 경험은 제게 '감정을 처리하는 법'에 대한 완전히 새로운 차원의 문을 열어 주었습니다.

나중에 알게 된 사실이지만, 이 행위는 현대 심리학과 정신과학의 가장 중요한 원리들과 정확히 일치합니다.

첫 번째 깨달음은 바로 '생각을 밖으로 꺼내는 힘'에 관한 것이었습니다. 제 머릿속에서만 끝없이 맴돌던 막연한 불안과 걱정들을 인형에 털어놓는 순간, 놀라운 변화가 일어났습니다. 심리학에서는 이를 '생각의 외현화'라고 부릅니다. 마치 무거운 짐을 잠시 내려놓고 한 걸음 떨어져서 바라보는 것처럼, 문제와 저 자신을 분리해서 볼 수 있게 된 것입니다.[7] 그저 내 안의 감정을 표현했을 뿐인데, 문제에 압도당하지 않고 그것을 객관적으로 마주할 힘이 생긴다는 사실이 놀라웠습니다.

두 번째 깨달음은 '의식적으로 거리를 두는 힘'에 관한 것이었습니다. 걱정을 털어놓은 인형을 조용히 주머니나 상자에 '넣어 두는' 그 단순한 행위 속에 중요한 의미가 숨어 있었죠. 그것은 '지금 이 순간

만큼은 이 걱정과 잠시 떨어져 있겠다.'라고 자신에게 건네는 하나의 약속 같은 것입니다. 이 행동 하나가 제 머릿속에서 끝없이 반복되던 걱정의 고리를 끊어내는 놀라운 스위치가 되어 주었습니다. 생각을 멈추고 싶을 때, 이처럼 물리적인 행동으로 마음에 명확한 신호를 보내는 것. 나중에야 알게 되었지만, 걱정을 적은 종이를 직접 버리는 행위가 실제로 그 생각에서 벗어나는 데 도움이 된다는 연구 결과도 있었습니다.[8,9]

그리고 마지막 깨달음은 그 작은 인형이 '기댈 수 있는 존재'가 되어 주었다는 점입니다. 제 불안한 마음을 온전히 맡아 주고, 괜찮다며 잠시 쉬어 가라고 말해 주는 듯했죠. 알고 보니 이것은 아이들이 담요나 애착 인형을 통해 엄마와 떨어져 있는 불안을 이겨 내는, '전이 대상'이라는 심리학 원리와 같았습니다.[10] 어른이 된 저에게도 그 걱정인형은 잠시나마 기댈 수 있는 든든한 어깨이자, 마음을 지켜 주는 작은 수호자였던 셈입니다.

꼭 과테말라에서 온 걱정인형일 필요는 없습니다. 당신의 가방에 이미 매달려 있는 작은 인형 키링, 혹은 책상 위 작은 피규어도 훌륭한 '걱정 친구'가 될 수 있습니다. 잠들기 전, 그 친구에게 오늘 당신을 힘들게 했던 마음의 짐을 솔직하게 털어놓고, 잘 보이는 곳이 아닌 서랍이나 베개 밑에 잠시 맡겨 두세요.

진짜 허기와 가짜 허기를 구분하는 명확한 기준

감정에 이름을 붙여 주고 걱정 친구에게 마음을 털어놓는 연습을 시작하자, 제 삶에는 큰 변화가 찾아왔습니다. '이건 배고픔이 아니라 화가 난 거야.'라고 선언하는 것만으로도 아이스크림 통으로 향하던 발걸음을 멈춰 세울 힘이 생겼으니까요.

하지만 또 다른 혼란이 찾아왔습니다. 어떤 날은 정말로 저녁을 부실하게 먹어서 '진짜로 배가 고픈' 것인지, 아니면 그저 감정이 배고픔이라는 가면을 쓰고 나타난 것인지 헷갈리기 시작한 것입니다. 제 몸이 보내는 신호를 어떻게 믿어야 할지, 그 경계가 모호하게 느껴졌습니다.

저는 의사로서, 그리고 한 명의 실험자로서 이 두 가지 허기를 명확하게 구분할 수 있는 실용적인 '지도'가 필요하다고 생각했습니다. 제 몸과 마음을 수없이 관찰하고, 관련 연구들을 종합하여 마침내 '진짜 허기'와 '가짜 허기(마음허기)'를 구분하는 몇 가지 결정적인 단서들을 정리할 수 있었습니다.

이것은 정답을 맞히는 시험지가 아니라, 지금 내 몸과 마음을 비춰보는 거울과도 같습니다. 다음에 허기가 찾아올 때, 이 거울을 통해 당신의 몸이 진짜로 원하는 것이 무엇인지 들여다보세요.

진짜 허기 vs. 가짜 허기: 나의 몸에게 물어보기

1. 어떻게 찾아왔나요?(신호의 속도)

진짜 허기: 서서히, 점진적으로 찾아옵니다. 마지막 식사 후 시간이 지나면서 혈당이 완만하게 떨어지고, 위가 비면서 배고픔 호르몬인 그렐린이 분비되기 시작합니다. 뱃속에서 꼬르륵 소리가 나는 등 명확한 신체 신호를 동반하며, 참을 수 없는 긴급함보다는 '이제 에너지를 채울 때가 되었네.'라는 자연스러운 알림에 가깝습니다

- **가짜 허기**: 갑자기 긴급하게 찾아옵니다. 특정 감정(스트레스, 지루함, 슬픔)이 느껴지는 순간, 마음의 경보 시스템인 편도체가 활성화되면서 '번개처럼' 들이닥칩니다. 이것은 몸의 에너지 요구가 아니라 마음의 위기 상황에 대한 즉각적인 보상(도파민)을 요구하는 신호입니다.

2. 무엇이 먹고 싶나요?(욕구의 대상)

- **진짜 허기**: 특정 음식이 아닌, 다양한 음식에 열려 있습니다. 몸이 필요로 하는 것은 '에너지' 그 자체이기 때문에, 건강한 밥이나 샐러드, 담백한 닭가슴살로도 충분히 만족할 수 있습니다.

- **가짜 허기**: 떡볶이, 아이스크림, 과자처럼 특정하고 자극적인 음식(단짠단짠)만을 고집합니다. 이는 마음이 가장 빠르고 확실하게 도파민을 분출시킬 수 있는, 즉 가장 중독성이 강한 '쾌락 음식(Hedonic food)'을 정확히 알고 있기 때문입니다.[11]

3. 어디에서 느껴지나요?(감각의 위치)

- **진짜 허기**: 주로 위, 즉 명치 아래쪽에서 느껴집니다. 위벽이 수축하며 느껴지는 물리적인 '배가 텅 빈 느낌'이죠. 이것은 몸의 항상성 유지를 위한 항상성 허기(Homeostatic Hunger)의 명백한 신호입니다.

- **가짜 허기**: 주로 입, 목, 머리에서 느껴집니다. '입이 심심하다.', '뭔가 씹고 싶다.'라는 느낌에 가깝습니다. 이것은 에너지 요구와는 무관하게, 오직 쾌락과 보상을 추구하는 쾌락적 허기(Hedonic Hunger)의 특징입니다.[12]

4. 먹고 난 뒤 기분은 어떤가요?(결과의 차이)

- **진짜 허기**: 배가 채워지면 포만감 호르몬이 분비되면서 기분 좋은 만족감과 함께 허기가 깨끗하게 사라집니다.

- **가짜 허기**: 배가 터질 듯이 먹어도 만족감이 없거나, 도파민의 짧은 쾌락이 지나간 뒤 오히려 죄책감이나 후회가 밀려옵니다. 급격한 혈당 상승 후 찾아오는 피로감은 또 다른 가짜 허기를 불러오는 악순환을 만들기도 합니다.

이 거울을 통해 당신의 허기가 '가짜 허기'라는 것을 알아차렸다면 축하할 일입니다. 당신은 이제 문제의 진짜 원인을 마주할 준비가 된 것이니까요.

화가 난 수진 씨에게 진짜로 필요했던 것은 떡볶이가 아니라 자신의 분노를 안전하게 표현할 시간이었을지 모릅니다. 외롭고 지친 지혜 씨에게는 과자 한 봉지보다 따뜻한 차 한 잔과 스스로를 다독여 주는 10분의 시간이 더 절실했을 것입니다.

이제 우리의 질문은 명확해졌습니다. '이 가짜 허기를 어떻게 건강하게 달래 줄 수 있을까?' 그 구체적인 방법들을 다음 장에서 함께 찾아 나가겠습니다.

9장 | 도파민의 밤에서 세로토닌의 밤으로

먹는 쾌락(보상)에서 쉬는 즐거움(회복)으로

'이건 배고픔이 아니라 화가 난 거야.', '나는 지금 외로운 거구나.'

감정에 이름을 붙여 주는 연습을 시작하자, 저는 오히려 갈 곳을 잃었습니다. 그동안 저의 모든 감정들은 '먹고 싶다.'라는 단 하나의 출구로만 향해 왔는데, 그 익숙한 길을 막아서자 어디로 가야 할지 막막해진 것이죠. 화가 날 때, 외로울 때, 피곤할 때, 우리는 무엇을 해야 할까요?

저는 이 질문에 대한 답을 찾기 위해 다시 한번 뇌과학과 심리학의 원리를 들여다보았습니다. 그리고 우리가 야식을 찾는 행위가 뇌의 '보상회로'를 자극해 즉각적인 도파민을 분출시키는, 이른바 '쾌락 루프(Pleasure Loop)'에 해당한다는 것을 다시 한번 확인했습니다. 문제는 이 쾌락이 너무나 짧을 뿐 아니라, 다음 날의 자책감과 피로감이라는 비싼 이자까지 남긴다는 점이었습니다.

저명한 신경과학자 켄트 베리지(Kent Berridge)의 연구는 이 현상의 핵심을 꿰뚫습니다. 그는 뇌의 보상 시스템이 사실 '좋아함(Liking)'과 '원함(Wanting)'이라는 두 가지 다른 경로로 작동한다는 것을 발견했습니다.[1] '좋아함'은 음식을 먹는 순간 느끼는 순수한 즐거움이고, '원함'은 그 즐거움을 다시 갈망하게 만드는 강력한 동기, 즉 도파민이 주도하는 갈망입니다. 야식의 문제는 반복될수록 '좋아함'의 즐거움은 점점 줄어들고, '원함'의 갈망만 비정상적으로 커진다는 점입니다. 우리는 더 이상 즐겁지도 않은데, 그저 갈망을 멈추기 위해 습관적으로 먹게 되는 것이죠.

그렇다면 이 악순환의 고리를 끊어 낼 대안은 무엇일까요? 바로 도파민이 주는 짜릿한 쾌락이 아니라 세로토닌이 주는 잔잔한 안정감을 찾는 것, 즉 '쾌락 루프(Pleasure Loop)'를 '회복 루프(Recovery Loop)'로 전환하는 것입니다.

이 깨달음은 저에게 완전히 새로운 관점을 열어 주었습니다. 저의 질문이 바뀌기 시작한 것입니다. '무엇을 먹어야 이 허전함이 채워질까?'가 아니라, '어떻게 해야 지쳐 있는 내 몸과 마음이 회복될 수 있을까?'로요. '먹는 행위'에 집중하던 시선이 비로소 '쉬는 행위'로 옮겨 온 것입니다.

이 '쉬는 행위'가 우리 몸에 어떤 변화를 가져오는지 보여 주는 흥미로운 연구가 있습니다. 연구자들은 스트레스 상황에 놓인 사람들을 두 그룹으로 나누었습니다. 한 그룹은 스트레스 후 가만히 쉬게 했고, 다른 그룹은 따뜻한 물에 발을 담그게 했습니다. 그 결과, 따뜻한 물에 발을 담근 그룹은 그렇지 않은 그룹에 비해 스트레스 호르몬인 코르티솔 수치가 현저히 낮아졌고, 마음을 안정시키는 부교감신경은 훨씬 더 활성화되었습니다.[2] 따뜻한 온도는 우리 몸의 긴장을 직접적으로 이완시켜, '투쟁-도피 모드'에서 '휴식-회복 모드'로 전환하는 강력한 스위치가 된 것입니다.

이 관점의 전환은 작지만 꽤 효과적인 행동의 변화로 이어졌습니다. 화가 치밀어 오르는 날, 저는 떡볶이 앱을 켜는 대신 따뜻한 허브티를 천천히 우려냈습니다. 잔을 감싸 쥔 손끝부터 몸이 풀리면서, 솟구쳤던 분노도 차분히 가라앉는 것을 느꼈습니다. 외로움이 밀려오는 밤에는 과자 봉지를 뜯는 대신, 가장 좋아하는 담요를 덮고 잔잔한 음악을 들었습니다. 음식으로는 채울 수 없었던 따뜻한 안정감이 온몸으로 퍼져 나갔습니다.

이것은 단순히 야식을 '참는' 것이 아니었습니다. 야식보다 훨씬 더 근본적이고 깊은 만족감을 주는 새로운 즐거움을 '발견'하는 과정이었습니다. 먹는 쾌락은 순간의 현실 도피에 가까웠지만, 쉬는 즐거움은 내일의 나를 위한 가장 확실한 투자가 되어 주었습니다. 우리는 그동안 너무 오랫동안 '먹는 것'으로만 쉬려고 해 왔는지도 모릅니다. 하지만 우리의 몸과 마음은 음식보다 더 깊고 더 따뜻한 진짜 '쉼'을 간절히 원하고 있습니다.

나를 위한 '마음 구급상자', 회복 키트를 준비하세요

'먹는 쾌락' 대신 '쉬는 즐거움'을 찾기로 결심했지만, 현실의 밤은 그리 만만치 않았습니다. 화가 머리끝까지 치밀어 오르는 순간, 혹은 외로움에 뼛속까지 시리는 순간, 우리의 마음은 이성적인 판단을 내리기보다 가장 쉽고 익숙한 방법인 냉장고 문을 여는 것을 선택하기 마련입니다. '따뜻한 목욕을 해 볼까?', '음악을 들을까?' 하고 차분하게 대안을 떠올리기엔 감정의 폭풍이 너무 거세기 때문이죠.

저는 깨달았습니다. '감정의 폭풍이 몰려왔을 때 생각해서는 늦는다. 폭풍을 대비하는 가장 좋은 방법은, 미리 대피소를 마련해 두는 것이다.' 즉, 제 마음을 위한 '응급처치 키트'를 미리 장만해 둘 필요가 있었습니다.

그래서 저만의 '회복 키트(Recovery Kit)'를 만들기 시작했습니다. 거창한 것은 아니었습니다. 집안 곳곳에 흩어져 있던 작은 기쁨과 안정감을 주는 물건들을 예쁜 상자나 바구니에 한데 모아두는 것이었죠. 감정적인 허기가 찾아올 때 냉장고보다 먼저 열어 볼 수 있는 '마음의 구급상자'였습니다.

이 작은 상자가 어떻게 강력한 힘을 발휘하는지, 그 비밀은 우리 마음과 몸의 작동 원리에 숨어 있습니다. 감정의 폭풍이 몰아칠 때, 우리 마음의 경보 시스템인 편도체는 과도하게 활성화되고 이성적인 판단을 내리는 전두엽 피질은 마비됩니다. 이때는 '생각'으로 감정을 이기려 하기보다, '감각'을 통해 마음의 상태를 직접적으로 바꾸는 것이 훨씬 효과적입니다.

이를 '감각 조절(Sensory Modulation)'이라고 합니다. 한 연구에서는 다양한 감각 도구를 활용하는 것이 불안과 스트레스를 줄이고 감정적 안정감을 찾는 데 유의미한 도움이 된다는 것을 보여 주었습니다.[3]

또한, '회복 키트'를 준비하고 사용하는 행위는 '자기 비난'의 고리를 끊고 '자기 자비(Self-compassion)'를 실천하는 가장 구체적인 방법입니다. 감정적인 식사를 한 뒤 스스로 자책하는 사람일수록 다시 폭식에 빠질 확률이 높지만, 자신에게 친절하고 다정한 태도를 보이는 사람들은 그 악순환에서 더 쉽게 벗어날 수 있다는 연구 결과도 있습니다.[4]

저는 이 원리들을 바탕으로, 오감을 만족시키는 것들로 저의 회복 키트를 채워 나갔습니다.

- **후각(가장 빠르게 마음을 진정시키는 스위치)**

    라벤더 에센셜 오일과 아로마 램프: 향기는 뇌의 감정 중추인 변연계에 직접 작용합니다. 특히 라벤더 향은 부교감신경을 활성화시켜 불안을 줄이고 심박수를 안정시키는 효과가 입증되었죠.[5] 오일 몇 방울을 손수건에 떨어뜨려 숨을 깊게 들이마시는 것만으로도 충분합니다.

- **미각(입의 허전함을 건강하게 달래기)**

    무카페인 허브티 컬렉션: 캐모마일, 페퍼민트, 루이보스 등 다양한 종류의 허브티를 구비해 두세요. 따뜻한 차가 몸에 들어오는 감각과 향긋한 향기는 그 자체로 훌륭한 리추얼이 됩니다. 씹는 질감이 있는 건과일 차(tea)도 좋은 대안이 됩니다.

- **촉각(따뜻한 안정감을 주는 감각)**

    부드러운 담요와 수면 양말: 포근한 감촉은 우리에게 안정감을 주는 옥시토신 호르몬 분비를 촉진합니다. 아기가 부드러운 담요에 안정감을 느끼는 것과 같은 원리죠.

    작은 걱정인형: 말 못 할 걱정이나 화를 작은 인형에게 털어놓는 행위는 감정을 밖으로 꺼내어 객관화하는 효과가 있습니다. 손으로 인형을 만지작거리는 행위 자체도 긴장을 완화시켜 줍니다

- **청각(분위기를 바꾸는 가장 쉬운 방법)**

    나만의 플레이리스트: 잔잔한 연주곡, 빗소리 같은 자연의 소리, CCM, 차분한 팟캐스트 등 나의 마음을 평온하게 만드는 소리들을 미리 준비해 두세요. 자극적인 영상 콘텐츠와 달리, 청각 정보는 마음을 과도하게 각성시키지 않으면서도 분위기를 전환시켜 줍니다.

- **시각(시선을 돌려 마음을 환기하기)**

    그림 엽서와 여행 사진: 보고 있으면 기분이 좋아지는 이미지들은 우리의 시선을 현재의 문제에서 즐거운 기억으로 옮겨 줍니다. 사진첩에 남편과 찍은 사진들, 아들과 추억이 있는 사진들, 그리고 제가 좋아하는 노을 사진을 따로 폴더를 만들어 두었습니다. 좋아하는 작가의 화집이나 복잡한 생각 없이 몰두할 수 있는 컬러링북도 훌륭한 시각적 도구가 될 수 있을 것입니다.

이 키트를 준비해 두자 놀라운 변화가 생겼습니다. '가짜 허기'가 덮쳐 오는 순간, 저의 질문이 바뀌었습니다. '뭘 먹지?'가 아니라, '오늘 내 마음은 어떤 위로를 가장 원할까?' 하고 회복 키트를 뒤적이게 된 것입니다. 키트를 열면서 이건 마치 어린 시절 인형놀이나 소꿉장난 같다는 생각이 들면서 편안함을 느꼈습니다.

이제 당신만의 '회복 키트'를 만들 차례입니다. 이것은 숙제가 아니라, 현재의 내가 미래의 지친 나에게 보내는 가장 다정한 선물입니다.

화가 난 수진 씨는 키트에 담아둔 두꺼운 노트에 아무 말이나 휘갈겨 쓰며 분노를 쏟아내면 어떨까요? 격렬한 록 음악을 들으며 감정을 태워 버리는 것도 그녀만의 방법이 될 수 있을 것입니다.

지치고 외로운 지혜 씨는 저처럼 아이의 사진이 담긴 사진첩을 보면서 힐링을 할 수 있을 것 같습니다. 그리고 잠들기 전, 작은 걱정인형에게 유독 서러웠던 오늘 일을 속삭이며 마음의 짐을 덜어 낼 수 있겠죠.

밤의 적막함이 힘든 서현 씨는 컬러링북을 꺼내 아무 생각 없이 색칠하는 데 몰두해도 좋겠습니다. 단순한 행위에 집중하다 보면, 어느새 외로움은 잊히고 마음에는 평화가 찾아올 수 있습니다.

오늘, 당신의 마음을 위한 구급상자를 채워 보는 건 어떨까요? 그 안에 담긴 작은 물건들이 감정의 폭풍우가 몰아치는 밤, 당신을 지켜 주는 가장 든든한 등대가 되어 줄 것입니다.

PART.3 :

짜릿함 대신, 잔잔한 행복감을 선택하는 법

'회복 키트'를 사용하면서 저의 밤이 평온해지는 것을 느끼던 어느 날, 저는 이것이 단순히 감정을 달래는 것을 넘어 제 마음속에서 벌어지는 화학적 변화와 깊은 관련이 있음을 깨닫게 되었습니다. 우리의 밤은 사실, 두 가지 신경전달물질 사이의 보이지 않는 전쟁터였습니다. 바로 '도파민(Dopamine)'과 '세로토닌(Serotonin)'의 전쟁이죠.

도파민은 '쾌락과 보상'의 신경전달물질입니다. 떡볶이나 아이스크림처럼 짜릿하고 자극적인 음식을 먹을 때, 스마트폰으로 새로운 영상을 볼 때 폭발적으로 분비됩니다. 즉각적인 흥분과 쾌감을 주지만, 그 효과는 짧고 강렬합니다. 문제는 도파민의 롤러코스터가 지나고 나면 더 큰 허무함과 갈증이 남는다는 것입니다. 더 강한 자극을 원하게 만들어 우리를 중독의 굴레에 빠뜨리죠.

반면, 세로토닌은 '안정과 행복감'의 신경전달물질입니다. 따뜻한 목욕을 할 때, 잔잔한 음악을 들을 때, 부드러운 담요의 감촉을 느낄 때 서서히 분비됩니다. 도파민처럼 짜릿하지는 않지만, 은은하고 지속적인 평온함과 만족감을 줍니다.

이 세로토닌의 힘을 보여 주는 흥미로운 연구가 있습니다. 연구자들은 참가자들에게 세로토닌의 원료가 되는 아미노산인 '트립토판'이 풍부한 식단과 부족한 식단을 제공하고 그들의 기분과 행동 변화를 관찰했습니다. 그 결과, 트립토판이 부족한 식단을 섭취한 사람들은 훨씬 더 충동적이고 공격적인 성향을 보였습니다.[6]

이는 우리 마음의 평온함과 충동 조절 능력이 세로토닌이라는 호르몬의 기반 위에 세워져 있음을 명확하게 보여 줍니다. 우리의 '회복 키트'는 바로 이 세로토닌을 자연스럽게 채워 주는 도구들의 모음이었던 셈입니다. 또 다른 연구에서는 단지 15분간의 마사지만으로도 스트레스 호르몬인 코르티솔이 유의하게 감소하고 세로토닌 수치가 증가해, 정서적 안정과 회복에 기여하는 것으로 나타났습니다.[7]

이 원리를 깨닫고 나자, 저의 모든 행동이 새롭게 해석되기 시작했습니다.

밤마다 냉장고 문을 열던 과거의 저는 사실 '도파민'을 찾아 헤매는 사냥꾼이었습니다. 가장 빠르고 손쉽게 쾌락을 얻을 수 있는 먹잇감을 찾아 허허벌판을 헤맸던 것이죠. 그 사냥의 끝에는 늘 후회와 자책감이라는 씁쓸한 뒷맛이 남았습니다.

하지만 '회복 키트'를 열기 시작한 지금의 저는 '세로토닌'을 가꾸는 정원사가 되었습니다. 라벤더 향을 맡고 따뜻한 차를 마시며 걱정 인형을 만지작거리는 모든 행위는 제 마음의 정원에 세로토닌이라는 행복의 씨앗을 심고 물을 주는 일이었습니다. 저는 그 정원에서 다음 날 아침, 죄책감이 아닌 평온함과 자기 존중감이라는 열매를 얻을 수 있었습니다.

이러한 전환은 단순히 야식을 참는 것 이상의 의미를 가집니다. 이것은 나의 밤을 어떤 신경전달물질에게 맡길 것인가에 대한 주체적인 선택입니다.

순간의 짜릿한 쾌락을 위해 내일의 평온함을 저당 잡히는 '도파민의 밤'을 선택할 것인가? 아니면 오늘 나의 몸과 마음을 정성껏 돌보고, 내일 아침 개운함과 만족감을 수확하는 '세로토닌의 밤'을 선택할 것인가?

'회복 키트'는 바로 그 선택의 갈림길에서 우리가 '세로토닌의 밤'으로 향할 수 있도록 안내해 주는 다정한 이정표입니다. 이 이정표를 따라 꾸준히 걷다 보면 비로소 음식의 지배에서 벗어나 내 밤의 진짜 주인이 될 수 있습니다.

10장 | 세상의 소음을 끄고 나의 감각을 켜다

SNS가 깊어질수록 외로움이 커졌습니다.

'회복 키트'와 '세로토닌의 밤' 덕분에, 저는 드디어 음식의 지배에서 벗어나 내 밤의 진짜 주인이 되었다고 믿었습니다. 따뜻한 허브티와 잔잔한 음악, 부드러운 담요가 주는 평온함은 그 어떤 야식보다 깊은 위로를 주었으니까요. 하지만 그 평화는 생각보다 오래가지 못했습니다. 제 손에 들린 스마트폰 때문이었습니다.

화면 속에는 온통 나와는 다른 세상의 행복들이 넘쳐 났습니다. 고급 호텔과 눈부신 해변에서의 휴가, 여전히 사랑이 넘치는 남편들이 해 준 기념일, 푸른 필드 위에서의 골프 라운딩, 화려한 성공을 알리는 소식들. 반짝이는 순간들을 무심코 넘기다 보면 방금 전까지의 사투는 까맣게 잊고 고립감에 초조해졌습니다.

오늘도 저의 저녁은 전쟁 같았습니다. 혹시라도 이모님이 그만두실까 눈치를 보고, 비상 시에 아쉬운 소리를 해야 하는 양가 어머님께 전화를 돌리고, 지친 남편과 사소한 문제로 날을 세웠습니다. 아이 하나 양치를 시키고 재우는 일은 또 왜 이리 힘이 드는지, 한바탕 폭풍이 휩쓸고 간 뒤에야 겨우 저만의 시간을 누릴 수 있었습니다. 스스로를 위한 회복 키트로 따뜻한 캐모마일 티를 내려 한 모금 마셨습니다.

하지만 인스타그램을 여는 순간 그 작은 평화는 그대로 사라졌습니다.

분명 조금 전까지 '오늘도 잘 해냈다.'라고 생각하며 충만했던 기분은 온데간데없이 사라지고, '나만 빼고 모두가 행복한 것 같다.'라는 익숙한 박탈감이 밀려왔습니다. 그 순간, 저는 깨달았습니다. 제 손으로 직접 '마음허기'를 불러들이고 있었다는 것을요.

의사로서 저는 이 현상이 '상향 사회 비교(Upward Social Comparison)'라는 심리적 함정과 깊은 관련이 있음을 잘 압니다.[1] 환자들에게 SNS는 타인의 가장 행복한 순간만을 편집해서 보여 주는 거대한 전시관과 같으니, 무의식적으로 그들의 '하이라이트'와 나의 '고된 일상'을 비교하며 스스로 괴롭힐 필요가 없다고 조언하곤 합니다.

하지만 의사인 저조차도 SNS에 속수무책으로 말려들고 맙니다. '저 사진도 100장 중에 겨우 건진 한 장이겠지.'라고 생각하면서도, '어쨌든 저 호텔에 간 건 사실이잖아. 저 예쁜 몸매와 완벽해 보이는 남편의 이벤트는 진짜 일어난 일이잖아?'라는 속삭임에 무너지고 맙니다. 고된 현실 없이 '하이라이트'만 존재하는 삶은 없다는 걸 알면서도, 그 하이라이트조차 없는 듯한 제 일상이 초라하게 느껴지는 것입니다.

결국 타인의 행복한 모습을 볼수록, 고단한 나의 삶에 대한 만족도는 떨어지고 마음은 더 허기지는 악순환이 시작됩니다. 한 연구에서 페이스북 사용 시간이 길수록 우울 증상이 증가하는 경향을 보였는데,

그 핵심 원인이 바로 이 '상향 사회 비교'였습니다.[1] 무심코 누르는 '좋아요'는 그들의 삶에 대한 찬사뿐만 아니라 나의 일상에 대한 평가 절하로까지 이어지고 있었던 것입니다.

더 큰 문제는, SNS가 '연결'을 약속하지만 종종 정반대의 결과를 낳는다는 점입니다. 수많은 사람과 연결되어 있다는 느낌은 피상적인 도파민의 쾌락을 줄 뿐, 진정한 유대감에서 오는 세로토닌의 안정감을 주지는 못합니다. 오히려 화면을 끄고 현실로 돌아왔을 때, 더 깊은 공허함과 외로움을 느끼게 만들죠.

이 '연결의 역설'을 명확하게 보여 주는 연구가 있습니다. 연구자들은 젊은 성인들을 대상으로 SNS 사용 시간과 실제 그들이 느끼는 사회적 고립감 사이의 관계를 추적했습니다. 결과는 충격적이었습니다. 하루에 2시간 이상 SNS를 사용하는 사람들은 30분 미만으로 사용하는 사람들에 비해 사회적 고립감을 느낄 확률이 두 배나 높았습니다.[2] 이는 SNS의 피상적인 관계가 실제 삶의 깊이 있는 관계를 대체하지 못할 뿐만 아니라, 오히려 진정한 연결에 대한 갈망을 키워 외로움을 증폭시킬 수 있음을 시사합니다. 이는 혼술과 넷플릭스로 밤을 채우던 서현 씨가 느끼던 공허함과 정확히 같은 종류의 것이었습니다.

이 깨달음은 저에게 큰 충격이었습니다. 저는 그동안 냉장고 문을 단속하고, 내 마음의 감정을 들여다보는 데만 집중해왔습니다. 하지만 정작 매일 밤, 내 손안에서 평화를 훔쳐 가는 가장 강력한 도둑을 무방비 상태로 방치하고 있었던 것입니다.

물리적인 공간을 '회복의 장소'로 만드는 것만으로는 부족했습니다. 나의 밤을 온전히 지켜내기 위해서는 디지털 세상과 현실 사이의 건강한 '경계선'을 세우는 일이 필요했습니다.

알림을 끄자 비로소 보이는 것들

SNS가 저의 평온한 밤을 훔쳐 가는 도둑임을 깨닫고 나서, 저는 '디지털 세상과 건강한 경계선 긋기'라는 새로운 과제에 직면했습니다. 하지만 'SNS를 덜 봐야지.' 하고 막연히 다짐하는 것은 '야식을 먹지 말아야지.' 하고 다짐하는 것만큼이나 무력했습니다. 제 의지와 상관없이 시시때때로 울리는 알림음과 화면 위로 반짝이는 배지들은, 잊고 있던 SNS의 존재를 끊임없이 상기시키며 저를 유혹했기 때문입니다.

그날 밤, 저는 깨달았습니다. 디지털 세상과의 건강한 경계선을 세우는 첫걸음은, 그들이 불쑥 내 삶에 끼어들지 못하도록 '초인종'부터 끄는 것이라는 사실을요.

저는 큰마음을 먹고 스마트폰 설정으로 들어가 모든 SNS와 메신저 앱의 알림을 꺼 버렸습니다. 끊임없이 '띠링'거리던 소리도, 불쑥 화면을 밝히던 팝업도, 저를 재촉하던 앱 아이콘 위의 빨간 숫자도 모두 없애 버렸습니다. 솔직히 처음 몇 시간은 불안했습니다. 중요한 연락을 놓치는 건 아닐까, 세상 소식에 나만 뒤처지는 건 아닐까 하는 두려움○이 엄습했죠.

 이 불안감의 정체는 명확합니다. 마치 슬롯머신이 사람을 중독시키는 원리와 같습니다. 행동심리학에서는 이를 '가변 간격 강화'▽라고 설명하는데, 쉽게 말해 '언제 보상이 터질지 모를 때 더 집착하게 되는' 심리입니다. 스마트폰 알림도 마찬가지입니다. 다음 알림이 기분 좋은 소식일지, 아니면 별것 아닌 소식일지 예측할 수 없기에, 우리의 뇌는 혹시 모를 도파민의 보상을 기대하며 계속 스마트폰을 확인하게 됩니다.[3]

 알림을 끄는 것은 바로 이 강력한 중독의 고리를 끊어 내는, 저의 첫 번째 저항이었습니다. 불안한 마음으로 한 시간, 두 시간이 흘렀습니다. 그런데 놀라운 변화가 찾아왔습니다. 세상과 단절된 느낌 대신, 제 삶의 주도권을 되찾은 듯한 '고요함'이 마음을 채우기 시작했습니다. 알림 하나를 껐을 뿐인데 그토록 찾아 헤맸던 평화가 찾아온 것입니다.

 외부의 소음이 차단되자, 저는 비로소 제 안의 소리를 들을 수 있었습니다. 따뜻한 차가 목을 넘어가는 감각, 담요가 피부에 닿는 부드러움,

---

○ 포모(FOMO, Fear of Missing Out)는 '놓치는 것에 대한 두려움'을 뜻하며, 다른 사람들이 누리는 정보나 경험에서 자신만 소외될까 봐 생기는 불안을 말합니다. 스마트폰 알림을 놓치면 중요한 기회나 관계에서 뒤처질 것 같은 걱정으로 이어지곤 합니다.

▽ 가변 간격 강화(Variable-interval reinforcement)는 보상이 일정한 시간 간격이 아니라 예측할 수 없는 간격으로 주어질 때 나타나는 심리학적 원리입니다. 학술적으로는 Variable-interval reinforcement schedule(VI schedule)이라 부르며, 스키너의 조작적 조건형성 연구에서 비롯된 개념입니다. 언제 보상이 올지 알 수 없을수록 사람은 기대감 때문에 행동을 더 꾸준히 반복하는데, 슬롯머신이나 스마트폰 알림 습관이 대표적인 예입니다.

음악의 선율까지 하나하나가 훨씬 더 선명하게 느껴졌습니다. 끊임없이 타인의 삶을 훔쳐보느라 분주했던 시선이 지금 이 순간 '나'에게로 돌아온 것입니다.

제가 느낀 '고요함'은 단순히 기분이 좋아졌다는 차원을 넘어섭니다. 그것은 온종일 환자를 돌보고 아이와 씨름하며 바닥을 보이던 제 '정신적 에너지 그릇□'이 다시 채워지고 있다는 명백한 신호였습니다.

한 연구에 따르면, 스마트폰 알림은 애써 무시하더라도 우리가 하던 일에 대한 집중력을 흩트려 놓는다고 합니다.[4] 마치 중요한 서류를 검토하는데 누군가 옆에서 계속 어깨를 톡톡 치는 것과 같죠. 돌아보지 않더라도, 우리의 뇌는 이미 그 작은 방해에 반응해 버린 겁니다.

즉, 모든 알림은 우리가 모르는 사이에 마음의 에너지를 조금씩 훔쳐 가는 '주의력 도둑'이었던 셈입니다. 알림을 끄자 저는 비로소 마음의 에너지를 온전히 자신을 위해 사용할 수 있게 되었습니다. 또 다른 연구에서는 단 며칠간 스마트폰 알림을 끄는 것만으로도 참가자들의 집중력이 향상되고 스트레스 수준이 감소했다고 보고했습니다.[5]

알림을 끄자 비로소 보이기 시작한 것들이 있었습니다. 그것은 다른 사람의 화려한 저녁 식사가 아니라, 오늘 하루 애쓴 나를 위해 정성껏 우려낸 허브티 한 잔이었습니다. 다른 사람의 행복한 휴가 사진이 아니라, 곁에서 나를 위로해 주는 '회복 키트'의 소중함이었습니다.

□ 인지 자원(cognitive resources)이란 생각, 판단, 집중 등 정신 활동에 쓰이는 한정된 에너지입니다. 배터리처럼 소모되면 집중력이 떨어지고 쉽게 피로해질 수 있습니다.

늘 업무 메신저에 시달리던 수진 씨도 저녁 8시 이후 모든 업무 관련 알림을 끄는 것만으로도 진짜 '퇴근'을 경험할 수 있을 것입니다. 각종 육아 정보와 공동구매 알림에 지쳐 있던 지혜 씨도 알림을 끄면, 저처럼 비로소 아이가 잠든 후의 짧은 시간을 온전히 자신만의 것으로 채울 수 있게 될 것입니다.

오늘 밤, 당신의 스마트폰 알림 설정을 한번 확인해 보는 건 어떨까요? 불필요한 초인종을 끄는 그 작은 행동 하나가 당신의 밤에 진짜 평화를 선물해 줄지도 모릅니다.

연결의 '양'이 아닌 '질'을 높이는 법

알림을 끄자 밤의 고요함이 찾아왔습니다. 하지만 솔직히 고백하자면, 고요함 속에서도 제 손가락은 여전히 SNS 앱 아이콘 주위를 맴돌았습니다. 외부의 방해는 사라졌지만, '연결되고 싶다.'라는 내면의 갈망이 여전히 남아 있었기 때문입니다. 그러면서 깨달았습니다. 단순히 문을 닫아 거는 것만으로는 부족하며, 외로움이라는 근본적인 문제를 해결하지 않는다면 언젠가 다시 그 문을 열고 말 것이라는 것을요.

저는 다시 한번 자신에게 질문을 던졌습니다. '내가 SNS를 통해 진짜로 얻고 싶었던 것은 무엇일까?' 그것은 수백 개의 '좋아요'나 화려한 타인의 일상이 아니었습니다. 그저 '나 여기 있어요.', '당신은 혼자가 아니에요.'라는 간접적 메시지를 통해 얻을 수 있는 유대감이었습니다.

하지만 제가 SNS에서 하던 행동은 이와 딴판이었습니다. 상대와의 대화를 통한 유대감커녕, 몰래 눈팅을 하면서 얼마나 많은 사람과 '연결'되어 있는지에만 매달렸죠. 팔로워 수를 조금이라도 늘려 보려고, 알지도 못하는 사람들의 계정을 찾아다니며 의미 없이 '팔로우' 버튼을 누르기도 했습니다.

수십 개 단톡방에서 오가는 시시콜콜한 이야기에 일일이 반응하며 얻는 잠깐의 안도감. 그건 진짜 연결이 아니라, 연결되어 있다는 착각일 뿐이었습니다. 그래서였을까요. 화면을 끄고 현실의 저로 돌아오면 어김없이 더 깊은 공허함이 밀려왔습니다.

이 현상은 심리학에서 말하는 '관계 기반의 능동적 사용 vs. 수동적 사용'의 차이로 명확하게 설명됩니다. 많은 분들이 '능동적 사용'을 인플루언서의 게시물에 '좋아요'를 누르거나 가벼운 댓글을 다는 행위로 오해하곤 합니다. 하지만 연구에 따르면, 이러한 활동 역시 불특정 다수를 향한 일방적인 행위에 가까우므로 외로움을 증가시키는 '수동적 사용'의 연장선이 될 수 있습니다. 진짜 웰빙에 긍정적 영향을 주는 것은 소수의 소중한 사람들과 직접 메시지를 주고받으며 유대감을 다지는, '관계에 기반한 능동적 사용'이었습니다.[6] 제가 SNS에서 하던 행동 대부분은 관계의 깊이와는 무관한 수동적 사용이었고, 이는 제 마음을 채우는 것이 아니라 오히려 고갈시키고 있었던 것입니다.

그날 이후, 저는 새로운 실험을 시작했습니다. 바로 '화면 속 연결'을 '눈앞의 연결'로 바꾸는 것이었습니다. 이 작은 변화가 왜 그토록 강력한 힘을 발휘하는지에 대한 비밀은 우리 몸의 호르몬에 있습니다. 진정한 유대감을 느낄 때, 우리 몸에서는 '사랑 호르몬'이라 불리는 옥시토신(Oxytocin)이 분비됩니다. 옥시토신은 스트레스 호르몬인 코르티솔 수치를 낮추고 마음을 안정시키며 깊은 신뢰감과 평온함을 느끼게 합니다.[7] 수백 개의 '좋아요'가 주는 도파민의 짧은 쾌락과는 비교할 수 없는, 깊고 지속적인 안정감을 선물하는 것이죠.

저의 가장 큰 변화는 저녁 식사 시간에 찾아왔습니다. 이전까지 저희 집 저녁 풍경은 여느 집과 다르지 않았습니다. 각자 스마트폰을 보느라 대화는 거의 없었죠. 저는 늘 마음이 급했습니다. 어떻게든 빨리 부엌을 정리하고 싶어서 남편과 아들이 밥을 먹는 동안 옆에서 설거지를 시작하곤 했습니다. 그러고는 가족들의 식사가 끝난 뒤에야 허겁지겁 남은 반찬으로 배를 채웠습니다.

어느 날 남편이 그러더군요. 밥 먹는데 옆에서 들리는 달그락 소리가 마음을 불편하게 한다고요. 그날 이후 저희는 규칙을 정했습니다. '식사 시간에는 스마트폰 없이, 서로의 얼굴을 본다.' 그리고 설거지는 식사가 끝난 후 남편이 하기로요. 놀랍게도 남편은 순순히 그러겠다고 했습니다. 함께 이야기에 집중하는 식사 시간은 온전한 '우리'의 시간이 되었고, 그날 있었던 일을 나누는 짧은 대화가 수백 개의 '좋아요'가 주지 못했던 깊은 충만함을 선물해 주었습니다.

우리의 목표는 디지털 세상과 단절하는 것이 아닙니다. 그것을 '소비'의 도구가 아닌, 진정한 '소통'의 도구로 사용하는 것입니다. 밤의 허전함을 채워 주는 것은 수많은 사람과의 얕은 연결이 아니라, 지금 내 곁에 있는 단 한 사람과의 깊은 연결이라는 것을 기억하세요. 그럴 때 우리의 스마트폰은 더 이상 마음허기를 부르는 유혹이 아니라 마음을 채워 주는 따뜻한 다리가 되어 줄 것입니다.

11장 | 어쩔 수 없는 그날, 호르몬의 파도 슬기롭게 타는 법

왜 그날만 되면 초콜릿이 미치도록 당길까?

'회복 키트'와 '디지털 경계선'이라는 두 가지 든든한 무기 덕분에, 저는 제 밤의 주도권을 거의 되찾았다고 믿었습니다. 감정의 폭풍우가 몰아치는 밤에도, 저는 냉장고 문을 여는 대신 저만의 구급상자를 열고 스스로 다독일 수 있었으니까요.

하지만 제가 구축한 시스템을 비웃기라도 하듯, 한 달에 한 번씩 어김없이 찾아오는 불청객이 있었습니다. 바로 '초콜릿'에 대한 주체할 수 없는 갈망이었습니다.

다른 날에는 잘만 참던 단 음식들이, 유독 그 시기만 되면 마치 블랙홀처럼 저를 끌어당겼습니다. '딱 한 조각만'으로 시작해서 결국엔 온갖 종류의 단 것을 찾아 헤매곤 했죠. 애써 쌓아 올린 평화의 성이 한순간에 무너져 내리는 기분이었습니다. '대체 왜, 다른 날은 다 괜찮은데 그날만 되면 또다시 무너지는 걸까?'

저는 달력에 유독 단 음식을 찾아 헤매던 날들을 표시하기 시작했습니다. 그리고 거기서 너무나도 명백한 패턴을 발견했습니다. 저를 무너뜨렸던 그 강력한 식욕은 어김없이 월경이 시작되기 약 일주일 전 무렵에 집중되어 있었습니다.

의사로서 저는 이것이 월경 전 증후군(PMS)과 관련이 있다는 것을 당연히 알고 있었습니다. 하지만 저는 그저 '호르몬 때문에 예민해져서 그래.'라고 막연하게 넘겨짚었을 뿐, 그 이면의 구체적인 작동 원리를 제 삶에 적용해 볼 생각은 하지 못했습니다.

저는 다시 한번 제 몸의 호르몬 시스템을 깊이 들여다보기 시작했습니다. 그리고 그날만 되면 유독 초콜릿이 당기는 이유가, 앞에서 이야기한 '세로토닌'과 깊은 관련이 있다는 사실을 발견했습니다.

월경 전(황체기 후반)이 되면, 우리 몸의 여성호르몬인 에스트로겐과 프로게스테론 수치는 급격히 떨어집니다. 문제는 이 호르몬의 변화가 '행복 호르몬'인 세로토닌의 분비량까지 함께 끌어 내린다는 점입니다.[1] 뇌는 급격한 세로토닌 수치 저하를 '위기 상황'으로 인식하고, 가장 빠르고 확실하게 세로토닌을 보충할 수 있는 방법을 찾아 나섭니다. 그 방법이 바로 '설탕'입니다. 설탕은 우리 뇌가 세로토닌의 원료인 트립토판을 더 쉽게 흡수하도록 돕기 때문이죠.

이 현상은 실제 에너지 섭취량의 변화로 나타납니다. 여러 연구를 종합한 메타 분석 연구에 따르면, 여성들은 월경 전 주간에 다른 시기보다 하루 평균 수백 칼로리를 더 섭취하는 경향이 있으며, 영양 성분 가운데 특히 탄수화물 섭취에 집중되어 있었습니다.[2] 저의 몸은 거짓말을 하는 것이 아니었습니다. 실제로 더 많은 에너지, 그 중에서도 특히 탄수화물을 갈망하도록 프로그래밍되어 있었던 것입니다.

그렇다면 왜 하필 '초콜릿'일까요? 여기에는 더 깊은 비밀이 숨어 있었습니다. 초콜릿은 단순히 설탕 덩어리가 아니기 때문입니다. 초콜릿에는 마그네슘, 그리고 페닐에틸아민처럼 기분을 좋게 만드는 여러 생리 활성 물질이 풍부하게 들어 있습니다. 한 연구에서는 월경 전 초콜릿을 갈망하는 여성들이 그렇지 않은 여성들보다 심리적으로 더 큰 위안을 얻는다고 보고했습니다.[3] 즉, 초콜릿은 설탕을 통해 세로토닌을 보충하고, 지방을 통해 쾌감을 주며, 고유의 화학 물질로 마음을 달래 주는, 그 시기의 우리 몸에 가장 완벽한 '종합 감정 치료제'였던 셈입니다.

이제 모든 퍼즐이 맞춰졌습니다.

그날만 되면 초콜릿이 당겼던 것은 결코 저의 의지가 약해서가 아니었습니다. 그것은 제 몸이 부족해진 세로토닌을 채우기 위해 보내는 지극히 과학적이고 필사적인 '생존 신호'였던 것입니다. 저의 마음은 초콜릿을 원했던 것이 아니라, 초콜릿을 통해 얻을 수 있는 '안정감'을 간절히 원하고 있었던 셈입니다.

이 깨달음은 저에게 또 다른 해방감을 안겨 주었습니다. 이것은 싸워 이겨내야 할 적이 아니라, 이해하고 대비해야 할 자연스러운 파도였습니다. 이제 우리의 과제는 명확해졌습니다. 이 호르몬의 파도를 어떻게 하면 지혜롭게, 그리고 나를 잃지 않고 건강하게 넘어갈 수 있을까요?

PART.3 :

호르몬의 파도, 슬기롭게 타는 법 3가지

'이건 내 몸이 세로토닌을 달라고 보내는 간절한 신호였구나.'

이 깨달음은 저에게 완전히 새로운 전략을 제시해 주었습니다. 그동안 저는 호르몬의 파도를 거대한 쓰나미처럼 여기며, 둑을 쌓아 막아내려고만 했습니다. 하지만 파도와 정면으로 싸우는 것은 결국 지쳐 쓰러지는 길이라는 것을 이제는 알게 되었죠. 현명한 서퍼는 파도와 싸우지 않습니다. 파도의 힘과 방향을 읽고, 그 위에 올라타서 유연하게 움직일 뿐입니다.

저는 제 몸이라는 파도를 슬기롭게 타는 서퍼가 되기로 결심했습니다. '어떻게 하면 내 몸이 원하는 세로토닌을 초콜릿 대신 건강한 방법으로 채워 줄 수 있을까?'

저는 다시 한번 제 몸을 위한 작은 실험들을 설계하기 시작했습니다.

첫 번째 실험: 미리 채워 주는 '영양 서핑'

세로토닌을 만들려면 '트립토판'이라는 아미노산과 약간의 '건강한 탄수화물'이 필요합니다. 저는 월경 전 주간이 되면 초콜릿에 대한 갈망이 폭발하기 전에 다음의 영양소들을 식단에 포함시키기 시작했습니다.

아침에는 바나나와 견과류를 넣은 요거트를 먹고, 점심에는 현미밥과 샐러드를 반반 섞은 베이스에 연어와 아보카도를 듬뿍 올린 포케를 챙겨 먹었으며, 오후 간식으로는 작은 고구마를 준비했습니다.

이 전략의 효과는 과학적으로도 명확합니다. 우리 뇌의 세로토닌 수치는 식단에 직접적인 영향을 받습니다. 특히 복합 탄수화물을 섭취하면 딱 적절한 양의 인슐린만 분비되는데, 이는 세로토닌의 원료인 트립토판이 뇌로 더 쉽게 들어갈 수 있도록 길을 열어 주는 역할을 합니다.[4] 즉, 건강한 탄수화물은 세로토닌을 만드는 가장 중요한 '열쇠'인 셈입니다. 또한, 여러 연구를 종합한 리뷰 논문에서는 마그네슘 보충이 월경 전 증후군의 기분 변화와 불안 증상을 완화하는 데 효과적일 수 있음을 보여 주었습니다.[5]

저의 식단은 바로 이 원리들을 종합한 것이었습니다. 연어와 요거트의 트립토판, 현미밥과 고구마의 복합 탄수화물, 그리고 견과류와 아보카도의 마그네슘까지. 결과는 놀라웠습니다. 밑 빠진 독에 물을 붓는 것처럼 허겁지겁 단 것을 찾던 이전과 달리, 몸과 마음이 훨씬 안정되고 충만해지는 것을 느꼈습니다. 초콜릿에 대한 갈망이 사라진 것은 아니었지만, '반드시 먹어야 해!'라는 절박한 비명에서 '조금 먹으면 좋겠다.'라는 부드러운 속삭임으로 바뀌었습니다.

두 번째 실험: 햇볕과 움직임이라는 '치유의 서핑'

세로토닌을 만드는 또 다른 강력한 스위치는 바로 '햇볕'과 '움직임'입니다. 저는 그 주간이 되면, 점심 시간에 일부러 15분 정도 병원 근처를 산책하며 햇볕을 쬐었습니다. 격렬한 운동 대신, 자기 전 가벼운 스트레칭이나 요가를 통해 몸을 부드럽게 움직여 주었죠. 이 작은 습관은 롤러코스터를 타던 감정 기복을 완만한 언덕 수준으로 다독여 주었습니다.

마지막 실험: 나를 위한 '허용의 서핑'

이 모든 노력에도 불구하고, 여전히 초콜릿 한 조각이 간절한 날이 있었습니다. 저는 예전처럼 이 욕구를 억지로 누르지 않았습니다. 대신, 저만의 '응급 초콜릿'을 준비했습니다. 카카오 함량이 70% 이상인 다크 초콜릿 한 개를 사서, 정말 먹고 싶을 때 딱 한 조각만 '회복 키트'의 허브티와 함께 아주 천천히 음미하며 먹는 것이었죠.

이 '허용'의 힘이 얼마나 강력한지 보여 주는 아주 흥미로운 심리학 실험이 있습니다. 연구자들은 참가자들을 두 그룹으로 나누고, 일주일 동안 초콜릿에 대한 생각을 억누르도록 요청했습니다. 하지만 한 그룹에게는 생각을 억누르다가 실패해도 괜찮다고 말해 주었고(허용 그룹), 다른 그룹에게는 그런 말을 해 주지 않았죠(통제 그룹). 일주일 뒤, 두 그룹 모두에게 초콜릿을 마음껏 먹게 했습니다. 결과는 어땠을까요? 생각을 억누르다가 실패해도 괜찮다고 허락받은 그룹이 그렇지 않은 그룹보다 훨씬 더 적은 양의 초콜릿을 먹었습니다.[6]

이 연구는 '절대 안 돼!'라는 금지선이 오히려 그 음식에 대한 갈망과 집착을 키우는 역효과를 낳는다는 '욕망의 아이러니 이론'을 명확하게 보여 줍니다. 신기하게도 '절대 안 돼!'라는 금지선을 '이 정도는 괜찮아'라는 허용선으로 바꾸자, 초콜릿에 대한 집착이 오히려 사라졌습니다. 언제든 먹을 수 있다는 안정감이, 폭식의 방아쇠가 되던 결핍감을 잠재워 준 것입니다.

이 세 가지 서핑 기술을 통해 저는 마침내 호르몬의 파도와 싸우지 않고, 그 리듬을 타며 평화롭게 공존하는 법을 배우게 되었습니다. 이것은 참는 것이 아니라, 내 몸의 필요를 한발 앞서 채워 주는 가장 지혜롭고 다정한 돌봄입니다.

내 몸의 주기를 이해한다는 것

호르몬의 파도를 슬기롭게 타는 법을 배우면서, 저는 단순히 월경 전 식욕을 다스리는 기술 이상의 것을 얻게 되었습니다. 그것은 바로 '나'라는 존재를 완전히 새로운 관점에서 바라보게 된 것이었습니다.

그동안 저는 매일 똑같은 의지와 컨디션을 가진, 일관적인 '나'를 기대해 왔습니다. 그리고 그 기대에 미치지 못하는 날이면 어김없이 스스로 다그치고 자책했죠. '어제는 잘했는데 오늘은 왜 이 모양이지?', '나는 왜 이렇게 기복이 심할까?'

하지만 내 몸의 주기를 이해하고 나자, 그 모든 자책이 얼마나 부질없었는지 깨닫게 되었습니다. 우리는 결코 매일 똑같은 사람이 아니었습니다. 우리의 몸과 마음은 한 달이라는 시간 속에서 보이지 않는 파도를 타듯 끊임없이 변화하고 있었습니다. 어떤 날은 에너지가 넘치고 세상 모든 것을 해낼 수 있을 것 같다가도, 또 어떤 날은 작은 일에도 쉽게 지치고 한없이 가라앉기도 합니다.

이것은 결함이 아니라, 지극히 자연스러운 '리듬'이었습니다.

이 리듬의 정체는 우리 몸속에서 펼쳐지는 한 편의 정교한 호르몬 드라마입니다. 월경이 끝나고 배란기까지인 난포기에는 여성호르몬인 에스트로겐 수치가 점차 상승합니다. 에스트로겐은 우리의 기분과 에너지를 끌어올리고, 뇌의 인지 기능을 향상시키는 역할을 합니다. 한 연구에서는 에스트로겐 수치가 높을 때 여성들이 언어 기억력과 같은 특정 인지 과제에서 더 나은 수행 능력을 보인다고 보고했습니다.[7]

이 시기의 우리는 그야말로 '슈퍼우먼' 모드에 가까워지는 셈이죠. 하지만 배란이 끝나고 월경 전까지, 이른바 황체기가 되면, 또 다른 호르몬인 프로게스테론이 무대의 주인공으로 등장합니다. 프로게스테론은 우리 마음을 차분하게 만드는 신경전달물질인 가바(GABA)의 작용을 강화시켜, 우리를 조금 더 내향적이고 차분하게 만듭니다.[8] 그러다 월경 직전이 되어 두 가지 호르몬의 수치가 모두 급격히 떨어지면, 우리는 감정적으로 취약해지고 에너지 레벨이 바닥나는 경험을 하게 되는 것입니다.

내 몸의 주기를 이해한다는 것은, 바로 이 리듬을 인정하고 받아들이는 것입니다. 매일 100점짜리 나를 강요하는 대신, 오늘의 컨디션에 맞는 기대를 하고 그에 맞는 돌봄을 제공해 주는 것이죠.

이 주기적 변화가 우리의 선택에 얼마나 큰 영향을 미치는지 보여 주는 아주 흥미로운 연구가 있습니다. 연구자들은 여성들의 월경 주기에 따라 그들의 소비 패턴을 분석했습니다. 그 결과, 가임기(배란기)에 가까워질수록 여성들은 의류나 화장품처럼 자신의 외모를 돋보이게 하는 제품에 더 많은 돈을 쓰는 경향을 보였습니다. 반면, 월경 전 주간이 되자 이러한 경향은 눈에 띄게 줄어들었습니다.[9] 이 연구는 저에게 큰 영감을 주었습니다. 우리의 기분이나 에너지뿐만 아니라, 우리가 무엇을 원하고 선택하는지조차 우리 몸의 보이지 않는 리듬에 영향을 받고 있었던 것입니다.

이것이야말로 진정한 의미의 '자기 객관화'이자, 가장 성숙한 형태의 '자기 돌봄'입니다. 더 이상 원인 모를 감정 기복과 식욕에 휘둘리는 대신, 내 몸의 주기를 내 삶의 '지도'로 활용하는 것입니다. 이 지도를 가진 사람은 언제 쉬어 가야 할지, 언제 속도를 내야 할지, 그리고 언제쯤 몰아치는 비바람을 견뎌야 할지 미리 알고 대비할 수 있습니다.

: SPECIAL SESSION :

내 몸의 주기에 맞추어, 나를 돌보는 시간

내 몸의 주기를 이해하는 것은, 낯선 바다의 조류를 읽는 법을 배우는 것과 같습니다. 언제 돛을 올려야 할지, 언제 닻을 내려야 할지 알게 되죠.[10] 하지만 지도를 손에 쥐었다고 해서 바로 능숙한 항해사가 되는 것은 아닙니다.

그래서 이 특별한 세션을 준비했습니다. 당신의 한 달이라는 항해를 돕는, 다정한 등대가 되어 줄 주기별 셀프케어 안내서입니다. 이 지도를 따라 당신의 몸이 보내는 신호에 귀 기울이며 나만의 건강한 리듬을 찾아가 보세요.

1. 생리기(약 1~5일차) :

"괜찮아, 지금은 잠시 멈춰도 좋아"

호르몬 수치가 가장 낮아지면서 몸과 마음의 에너지가 모두 바닥나는 시기입니다. 생리통, 피로감, 찌뿌둥함은 결코 당신이 나약해서가 아니라, 몸이 "이제는 쉴 시간이야."라고 보내는 자연스러운 신호입니다.

식단: 나를 보듬어 주는 '따뜻한 위로'

철분을 채워 주세요: 생리혈로 손실된 철분을 보충하기 위해 붉은 살코기, 시금치, 렌틸콩, 미역이나 다시마 같은 해조류를 챙겨 드세요.

몸을 따뜻하게: 몸을 따뜻하게 데워 주는 생강차 한 잔, 영양이 풍부한 맑은 소고기뭇국. 지금 당신의 몸에 가장 필요한 것은 거창한 음식이 아니라, 나를 보듬어 주는 따뜻한 위로입니다.

> 이것만은 피해 주세요: 몸을 붓게 만드는 짠 음식이나 혈관을 수축시켜 통증을 악화시킬 수 있는 찬 음료는 잠시 멀리하는 것이 좋습니다.

운동: '싸움'이 아닌 '화해'의 시간

격렬한 운동으로 몸을 채찍질하기보다, 가벼운 산책이나 부드러운 스트레칭으로 굳어 있는 몸과 화해하는 시간을 가져 보세요. 뭉친 골반과 허리를 풀어주는 것만으로도 생리통이 훨씬 나아질 수 있습니다.

생활: 나를 위한 '최고의 허락'

무엇보다 '충분한 휴식'을 스스로에게 허락해 주세요. 아랫배에 따뜻한 찜질팩을 올리고 누워서 좋아하는 음악을 듣거나, 따뜻한 물로 샤워하며 몸의 긴장을 풀어 주는 것. 이 시기의 휴식은 사치가 아니라 필수입니다.

2. 난포기(생리 후, 약 6~14일차):

"반짝반짝, 내 인생의 황금기를 즐겨!"

에스트로겐 호르몬이 서서히 왕좌에 오르며, 언제 그랬냐는 듯 몸과 마음의 컨디션이 회복되는 시기입니다. 신진대사가 활발해져 '다이어트 황금기'라고도 불리죠.

식단: 활기찬 나를 위한 '최고의 연료'

균형 잡힌 영양: 활발한 활동에 대비해 닭가슴살, 두부 같은 양질의 단백질과 현미밥, 통곡물 같은 복합 탄수화물, 그리고 신선한 채소와 과일로 최고의 연료를 채워 주세요.

새로운 시작: 다이어트나 새로운 식습관 개선을 계획하고 있다면, 바로 지금이 시작하기에 가장 좋은 타이밍입니다.

운동: 에너지를 마음껏 '발산'하는 시간

몸에 에너지가 넘치므로 필라테스, 근력 운동, 고강도 인터벌 트레이닝(HIIT) 등 평소보다 조금 더 강도 높은 운동도 충분히 소화해 낼 수 있습니다. 땀 흘리는 즐거움을 만끽해 보세요.

생활: 무엇이든 가능한 '슈퍼우먼 모드'

기분도 좋고 의욕이 넘치므로 미뤄 뒀던 새로운 계획을 세우거나, 집중력이 필요한 중요한 업무를 처리하기에 이보다 더 좋은 때는 없습니다.

3. 배란기(약 14일차 전후):

"세상의 중심에서, 가장 빛나는 나를 만나다"

에스트로겐 분비가 정점에 이르러 몸과 마음의 컨디션이 최고조에 달합니다. 스스로에 대한 자신감이 상승하고, 특별한 관리를 하지 않아도 피부에서 윤기가 흐르는 시기입니다.

식단: 최고의 컨디션을 '유지'하는 지혜

항산화 식품: 블루베리, 토마토, 파프리카처럼 항산화 성분이 풍부한 과일과 채소는 지금의 좋은 컨디션을 유지하고 몸의 노화를 막는 훌륭한 지원군이 되어 줍니다.

가볍게, 하지만 알차게: 몸이 가벼운 시기이므로 과식하지 않고 건강한 식단을 유지하는 것만으로도 충분합니다.

운동: 나의 '한계'에 도전하는 즐거움

신체 능력이 가장 좋은 시기이므로, 이전에 시도해 보지 않았던 새로운 운동에 도전하거나 개인 최고 기록을 경신하는 즐거움을 누려 보세요.

생활: 매력적인 나를 '뽐내는' 시간

대인관계나 사회적 활동에 가장 활발해지는 시기입니다. 중요한 미팅이나 발표, 소개팅 약속이 있다면 바로 이때를 활용하세요. 당신의 에너지가 주변 사람들에게도 긍정적인 영향을 미칠 거예요.

4. 황체기(약 15~28일차, 특히 20일차 이후):

"괜찮아, 파도가 밀려올 땐 잠시 쉬어 가도 돼"

고요했던 바다에 다시 파도가 일렁이기 시작하는 시기입니다. 프로게스테론이라는 호르몬이 무대의 주인공으로 등장하면서 몸이 무거워지고, 식욕 증가, 부종, 감정 기복 같은 월경전증후군(PMS)이 우리를 찾아옵니다.

식단: '가짜 허기'를 다독이는 '진짜 위로'

식욕 조절: 떡볶이나 초콜릿이 미치도록 당기는 시기. 이것이 바로 우리가 11장에서 이야기했던, 내 몸이 세로토닌을 간절히 원하고 있다는 신호입니다. 이때는 혈당을 천천히 올리는 고구마, 현미밥, 통곡물로 건강한 포만감을 주어 '가짜 허기'를 다독여 주세요.

마그네슘을 곁에: 감정 기복과 근육 경련 완화에 도움이 되는 견과류, 다크 초콜릿, 바나나는 이 시기 최고의 친구가 되어 줄 수 있습니다.

> 이것만은 피해 주세요: PMS를 악화시킬 수 있는 짠 음식, 단 음식, 카페인, 알코올 섭취는 의식적으로 줄이는 지혜가 필요합니다.

운동: '스트레스'를 흘려 보내는 시간

고강도 운동보다는 가벼운 조깅이나 수영, 혹은 심신 안정에 도움이 되는 요가로 스트레스를 관리하고 붓기를 빼 주는 것이 좋습니다.

생활: 나를 위한 '의식적인 쉼'

이 시기에는 나를 다그치기보다, 세심하게 다독여 주는 시간이 필요합니다. 따뜻한 물로 반신욕을 하거나, 좋아하는 음악을 들으며 의식적으로 휴식 시간을 가지세요. 중요한 결정이나 무리한 일정은 되도록 다음 '황금기'로 미루는 현명함도 필요합니다.

이 가이드는 정답이 아닙니다. 당신이 당신 몸의 가장 뛰어난 전문가가 되어, 당신만의 건강한 리듬을 찾아가는 여정을 돕는 작은 나침반일 뿐입니다.

개인마다 주기의 길이와 증상은 모두 다를 수 있습니다. 가장 중요한 것은 어제의 나와 오늘의 내가 다를 수 있음을 인정하고, 내 몸이 보내는 작은 속삭임에 귀 기울이며 그날의 나에게 가장 필요한 돌봄을 선물하는 것입니다.

당신의 모든 주기를, 그리고 그 주기 안에서 살아가는 당신의 모든 날을 진심으로 응원합니다.

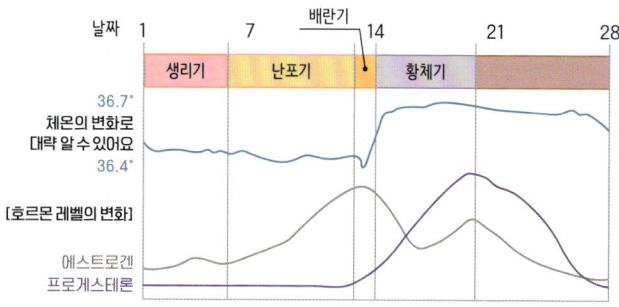

몸의 파도: 한 달에 한 번 찾아오는 리듬

이 그래프는 여성의 월경 주기 동안 변화하는 호르몬의 흐름을 보여줍니다. 배란을 중심으로 에스트로겐이 상승하며 마음이 밝아지고 집중력이 높아지지만, 황체기에는 프로게스테론이 증가해 체온이 오르고 감정의 파도가 찾아옵니다. 우리의 컨디션은 단순한 의지가 아니라 '호르몬의 언어'를 따르고 있습니다.

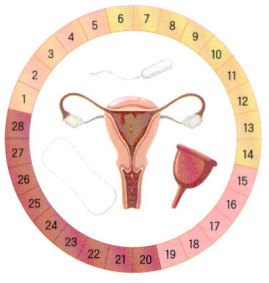

3부를 마무리하며: 당신은 마음의 목소리를 듣게 되었습니다

3부의 여정은 쉽지 않았을지 모릅니다. 우리는 몸의 집을 짓는 것을 넘어, 그 집에 살고 있는 '마음'이라는 존재의 복잡하고 섬세한 목소리에 귀 기울이는 법을 배웠기 때문입니다.

이제 당신은 식욕이라는 가면 뒤에 숨어 있던 'HALT(화, 외로움, 피곤함)'의 진짜 얼굴을 알아볼 수 있게 되었습니다. 짜릿한 쾌락을 좇던 '도파민의 밤'을 떠나, 따뜻한 안정감이 있는 '세로토닌의 밤'으로 향하는 길을 발견했습니다. 당신의 손에는 이제 언제든 스스로를 위로할 수 있는 든든한 '회복 키트'가 들려 있습니다.

몸의 기술에 마음의 지혜를 더한 당신은, 이제 음식의 지배에서 벗어나 당신 밤의 온전한 주인이 될 준비를 마쳤습니다. 몸은 평온하고 마음은 고요합니다. 이보다 더 완벽한 밤은 없을 것만 같습니다.

하지만 이 모든 평화 속에서도, 어김없이 새벽 3시만 되면 눈이 떠지는 밤이 찾아옵니다.

분명 몸도 마음도 쉴 준비가 되었는데 나의 의지와 상관없이 잠의 흐름이 툭 끊어지는 순간, 우리는 아직 우리 여정의 가장 근본적인 토대를 점검하지 않았다는 사실을 깨닫게 됩니다.

바로 '잠' 그 자체입니다. 몸과 마음이라는 집을 떠받치는 가장 거대하고 중요한 기둥 말입니다. 이 기둥이 흔들리면, 아무리 잘 지은 집이라도 속절없이 무너져 내릴 수 있습니다.

4부에서는 드디어 '수면'이라는 가장 깊은 세계로 여정을 떠납니다.

우리는 새벽 3시마다 나를 깨우는 범인의 정체를 밝혀내고, 최고의 수면 도구인 '빛'과 '체온'을 다루는 법을 배울 것입니다. 그리고 지긋지긋한 월요병이 사실은 주말의 나 때문이었다는 충격적인 진실과도 마주하게 될 겁니다.

몸과 마음의 집을 완성한 당신, 이제 그 집을 영원히 지켜 줄 가장 단단한 주춧돌을 세울 시간입니다.

떡볶이
먹는
의사

04

PART 4

3단계

단단한 집의 기초, 잠 다스리기

떡볶이 먹는 의사

떡볶이
먹는
이사

PART.4 :

12장 | 새벽 3시, 누가 나의 잠을 훔쳐 가는가?

나를 깨우는 세 명의 범인

'저녁 회복', '마음 돌봄', '호르몬 파도타기'. 3부까지의 긴 여정을 통해 저는 마침내 평온한 밤을 되찾았다고 믿었습니다. 더 이상 야식의 유혹에 시달리지 않았고, 감정의 폭풍우 속에서도 나를 지켜 낼 힘이 생겼으니까요. 저는 이제 깊고 편안한 잠을 잘 자격이 충분하다고 생각했습니다.

하지만 저의 밤에는 여전히 풀리지 않는 마지막 수수께끼가 남아 있었습니다. 잠드는 것은 어렵지 않았지만, 어김없이 새벽 3시만 되면 말똥말똥 눈이 떠지는 것이었습니다. 한번 잠이 깨고 나면 온갖 걱정과 불안이 꼬리를 물고 이어졌고, 다시 잠들기까지 한두 시간을 뒤척여야 했습니다. 아침에 일어나면 잠을 자도 잔 것 같지 않은 찌뿌둥함과 피로감이 저를 덮쳤습니다.

'대체 왜? 나는 이제 모든 것을 잘하고 있는데, 왜 나의 잠은 이토록 조각나 있는 걸까?'

저는 의사로서, 그리고 한 명의 환자로서 이 현상의 원인을 집요하게 파고들기 시작했습니다. 그리고 그 원인이 단순히 '예민해서'가 아니라, 우리 몸속에서 벌어지는 몇 가지 명백한 생리적 사건들과 관련이 깊다는 것을 알게 되었습니다.

범인 1: 잘못된 시간에 울리는 경보음, 코르티솔

우리 몸의 스트레스 호르몬인 코르티솔은 원래 아침에 가장 높게 분비되어 우리를 깨우고, 밤에는 가장 낮게 유지되어야 정상입니다. 하지만 만성적인 스트레스나 불규칙한 생활 습관은 이 리듬을 망가뜨립니다. 스트레스가 높은 상태로 잠들면, 새벽녘에 코르티솔 수치가 너무 일찍 치솟기 시작합니다.[1] 마치 알람이 울리기 몇 시간 전에 비상벨이 울리는 것처럼, 우리 몸을 예기치 않게 깨워 버리는 것이죠. 늘 업무 스트레스에 시달리는 수진 씨가 새벽에 깨어 내일 할 일을 걱정하는 것은 바로 이 때문일 가능성이 높습니다.

범인 2: 한밤중의 혈당 롤러코스터

저녁 식사를 부실하게 먹거나, 빵이나 면처럼 정제 탄수화물 위주로 먹은 날은 특히 새벽에 깨기 더 쉽습니다. 식후 급격히 올랐던 혈당이 새벽녘에 뚝 떨어지면서 '야간 저혈당(nocturnal hypoglycemia)' 상태가 되기 때문입니다. 우리 몸은 이를 위기 상황으로 인식하고, 혈당을 끌어올리기 위해 코르티솔과 아드레날린 같은 각성 호르몬을 분비합니다. 이 호르몬들이 바로 우리를 잠에서 깨우는 주범입니다.

이 '혈당 롤러코스터'가 우리 잠을 어떻게 망가뜨리는지 보여 주는 재미있는 연구가 있습니다. 연구진이 사람들에게 저녁 식사로 두 가지 다른 음식을 주었는데요. 한쪽은 혈당을 로켓처럼 쏘아 올리는 떡볶이나 흰쌀밥 같은 음식(고혈당지수 식단)을, 다른 쪽은 혈당을 완만하게 유지해 주는 현미밥 같은 음식(저혈당지수 식단)을 주었죠.

그 결과, 고혈당지수 식사를 한 그룹은 잠드는 데 걸리는 시간은 조금 짧았지만, 밤사이 잠에서 깨는 횟수가 더 잦았고 수면의 질이 현저히 떨어졌습니다.[2] 이 연구는 저에게 명확한 답을 주었습니다. 저녁에 먹은 떡볶이나 흰쌀밥이 당장은 우리를 나른하게 해 잠이 드는 데 도움을 주는 것처럼 보이지만, 결국 새벽의 평화를 훔쳐 가는 교활한 도둑이었던 셈입니다. 아이를 돌보느라 저녁을 대충 때우는 날이 많은 지혜 씨가 겪는 문제일 수 있죠.

범인 3: 수면의 질을 떨어뜨리는 작은 도둑들(알코올과 카페인)

'잠을 잘 자기 위해' 마시는 밤의 와인 한 잔은 사실 수면의 가장 큰 적입니다. 알코올은 처음에는 뇌의 활동을 억제하는 신경전달물질인 가바(GABA)의 작용을 강화해 잠이 들게 돕는 것처럼 보이지만, 몇 시간이 지나 알코올이 분해되면서 오히려 뇌를 각성시키는 '반동 효과(rebound effect)'를 일으켜 잠을 얕고 불규칙하게 만듭니다.[3]

오후 늦게 마신 커피의 카페인 역시 마찬가지입니다. 카페인이 우리 몸에서 완전히 빠져나가는 데는 생각보다 오랜 시간이 걸려, 밤새 우리 잠의 질을 조금씩 갉아먹고 있었던 것이죠.

이 원인들을 알고 나자, 저는 제 조각난 잠의 패턴을 이해할 수 있었습니다. 이것은 제 의지의 문제가 아니라, 제 하루 동안의 선택들이 만들어 낸 필연적인 결과였습니다. 이제 우리의 과제는 명확해졌습니다.

이 작은 도둑들로부터 어떻게 하면 나의 밤을, 나의 깊은 잠을 지켜 낼 수 있을까요?

꿀잠을 방해하는 작은 도둑들

새벽 3시의 미스터리를 풀어 줄 세 명의 범인(코르티솔, 혈당 롤러코스터, 알코올/카페인)을 특정하고 나니, 저는 조각난 잠의 원인을 비로소 이해할 수 있었습니다. 하지만 이론을 아는 것과 일상에서 그들을 잡아내는 것은 전혀 다른 문제였습니다. 이 교활한 도둑들은 '위험'의 얼굴이 아닌, '위로'와 '습관'이라는 친숙한 가면을 쓰고 제 하루 곳곳에 숨어 있었기 때문입니다.

저는 제 일상을 위한 '수면 방범 시스템'을 구축하기로 마음먹었습니다. 그리고 가장 먼저, 가장 잡기 쉬운 도둑부터 쫓아내기로 했죠.

방범 전략 1: 카페인 도둑에게 '통금 시간' 정해 주기

저는 스스로 커피를 많이 마시지 않는다고 생각했습니다. 아침에 마시는 커피 한 잔이 전부였으니까요. 하지만 제 일상을 자세히 들여다보니, 범인은 다른 곳에 있었습니다. 바로 오후 3시쯤 피곤함을 쫓기 위해 무심코 마시던 녹차 한 잔, 혹은 저녁 식사 후 입가심으로 마시던 홍차였습니다.

이 작은 습관이 왜 그토록 강력한 영향을 미쳤을까요? 카페인은 우리 뇌에서 '수면 압력'을 높여 졸음을 유발하는 물질인 아데노신(adenosine)이 수용체에 결합하는 것을 방해합니다.[4] 즉, 몸은 피곤한데 뇌는 졸음을 느끼지 못하도록 속이는 것이죠. 더 놀라운 사실은 카페인의 반감기(half-life), 즉 몸에서 절반이 빠져나가는 데 걸리는 시간이 평균 5~6시간에 달한다는 점입니다.[5] 오후 3시에 마신 녹차 한 잔의 카페인 절반은 여전히 밤 9시에도 제 몸속에 남아 수면을 방해하고 있었던 셈입니다.

'설마 이것 때문에?' 반신반의하며 저는 저만의 '카페인 통금 시간'을 만들었습니다. '오후 1시 이후에는 어떤 종류의 카페인도 섭취하지 않는다.' 처음 며칠은 오후의 나른함이 조금 힘들었지만, 일주일이 채 지나지 않아 놀라운 변화를 경험했습니다. 잠드는 시간이 빨라진 것은 아니었지만, 잠의 '밀도'가 달라졌습니다. 중간에 깨는 일 없이 훨씬 더 깊고 묵직하게 잠들 수 있었죠.

방범 전략 2: 알코올 도둑의 달콤한 거짓말에 속지 않기

"잠이 안 올 땐 와인 한 잔이 최고야." 저 역시 한 때 이 달콤한 속삭임의 오랜 신봉자였습니다. 남편과 우아하게 와인&치즈를 즐기는 것은 뭔가 '있어빌리티' 느낌까지 주니까요. 거기에 알코올은 분명 긴장을 풀어 주고 잠에 빨리 빠져들게 하는 것처럼 느껴졌으니까요. 하지만 이것은 수면의 질을 담보로 한 위험한 거래였습니다.

잠을 자기 위해 마시는 술 한 잔, 과연 정말 도움이 될까요? 사실 알코올은 우리 뇌를 편안하게 재워 주는 게 아니라, 일시적으로 '기절'시키는 것에 가깝습니다. 이 과정에서 우리 뇌는 중요한 일을 못하게 됩니다. 특히, 하루 동안 쌓인 감정을 정리하고 기억을 저장하는 핵심 단계인 '꿈꾸는 잠(렘수면, REM sleep)'을 강하게 억제합니다. 한 연구를 보면, 단 한 잔의 술이라도 새벽이 되면 오히려 뇌를 깨우는 작용을 해서 잠을 설치게 만든다고 합니다.[6] 결국 밤새 자다 깨다를 반복하게 되니, 아무리 오래 눈을 감고 있어도 피곤할 수밖에 없는 겁니다.

저는 와인잔을 내려놓고, 그 자리에 '회복 키트'의 캐모마일 티를 올렸습니다. 와인이 주던 즉각적인 노곤함은 없었지만, 다음 날 아침 제가 맞이한 것은 숙취와 피로가 아닌 개운함과 평온함이었습니다.

방범 전략 3: 혈당 롤러코스터 도둑, 저녁 식사로 예방하기

이 도둑은 가장 교활했습니다. 이미 어느 정도는 해결했다고 믿었던 문제였으니까요. 하지만 저는 다시 한번 깨달았습니다. 저녁 식사의 '질'이 밤의 허기뿐만 아니라, 밤의 수면까지 결정한다는 사실을요.

저는 저녁 식단에서 '착한 탄수화물, 기름기 뺀 단백질, 건강한 지방'의 균형을 다시 한번 점검했습니다. 특히 저녁 식사량이 너무 적거나 탄수화물이 부족했던 날이면 어김없이 새벽에 눈이 떠지는 패턴을 발견할 수 있었죠. 든든하고 균형 잡힌 저녁 식사는 밤사이 혈당을 롤러코스터가 아니라 완만한 언덕처럼 안정적으로 유지시켜 주는 최고의 안전장치였습니다.

　이 세 명의 도둑을 차례로 몰아내자, 저의 밤에는 비로소 진짜 평화가 찾아왔습니다. 이것은 무언가를 빼앗기는 금지가 아니라, 나의 가장 소중한 '회복의 시간'을 외부의 방해로부터 지켜 내는 가장 적극적인 보호 행위입니다.

'망했다'는 불안 없이, 다시 평온하게 잠드는 기술

　'수면 방범 시스템'을 구축하고 나서 저의 새벽은 훨씬 평온하게 되었습니다. 하지만 아무리 철저하게 방범 시스템을 가동해도, 아주 가끔은 예상치 못한 순간에 잠에서 깨어나는 날이 있었습니다. 한밤중의 소음이나 갑작스러운 악몽, 혹은 아무런 이유 없이 눈이 말똥말똥 떠지는 밤.

　이때 저를 진짜로 괴롭혔던 것은 잠에서 깼다는 사실 자체가 아니었습니다. '아, 망했다. 또 잠 못 자겠네.', '내일 아침에 피곤해서 어떡하지?' 하며 꼬리에 꼬리를 무는 '불안감'이었습니다. 잠을 자야 한다는 압박감은 오히려 제 마음의 경보 시스템인 교감신경을 활성화시켜 심장을 뛰게 하고 몸을 긴장시켰습니다. 고요해야 할 침대는 순식간에 걱정과 싸우는 전쟁터로 변했습니다.

　저는 깨달았습니다. 잠에서 깬 순간, 우리의 진짜 적은 '깨어 있는 상태'가 아니라 '잠들려고 애쓰는 초조한 마음'이라는 것을요.

　의사로서 저는 불면증 인지행동치료(CBT-I)의 가장 중요한 원리를 떠올렸습니다. '잠은 노력해서 이룰 수 있는 과제가 아니다. 잠은 그저 찾아오는 것이다.' 즉, 잠들려고 발버둥 칠수록 잠은 더 멀리 달아난다는 역설이었죠. 이를 '수면에 대한 역설적 의도(Paradoxical Intention)'라고 합니다. 잠을 자려는 노력이 오히려 뇌를 각성시키는 '수행 불안(performance anxiety)'을 유발하기 때문입니다.[7] 이 원리를 깨닫는 순간, 저의 목표는 '잠들기'에서 '불안 내려놓기'로 바뀌었습니다.

이 원리를 바탕으로, 저는 잠에서 깬 새벽을 위한 저만의 '재입면 리추얼'을 설계하기 시작했습니다. 이것은 잠을 '쟁취'하기 위한 기술이 아니라, 불안을 내려놓고 잠이 다시 나를 찾아올 수 있도록 '기다려 주는' 기술입니다.

1. 시계는 절대 보지 마세요.

새벽에 눈을 뜨면 가장 먼저 확인하고 싶은 것이 바로 시계입니다. 하지만 '새벽 3시 15분'이라는 숫자를 확인하는 순간, 우리의 마음은 '아, 잠잘 시간이 이제 3시간밖에 안 남았네, 하- 내일 얼마나 피곤할까?' 하고 계산하며 불안 모드에 돌입합니다. 그러므로 시계를 보지 않는 것만으로도 초조함의 가장 큰 스위치를 차단할 수 있습니다.

2. 15분의 법칙: 침대는 싸움터가 아닙니다.

침대에 누워 15분 이상 뒤척이고 있다면, 과감하게 침대에서 나오세요.

이것은 불면증 인지행동치료의 핵심 기법인 '자극 조절 치료(Stimulus Control Therapy)'입니다. 침대에서 뒤척이는 시간이 길어질수록, 우리 마음은 '침대 = 잠 못 드는 고통스러운 곳'이라는 부정적인 공식을 학습하게 됩니다.[8] 침대에서 나와 잠시 다른 활동을 하는 것은 이 나쁜 연결고리를 끊고, '침대 = 잠'이라는 긍정적인 연상을 다시 강화하는 가장 효과적인 방법입니다.

3. '회복 키트'와 함께하는 지루한 시간

침실을 나와 조명을 최대한 어둡게 한 다른 공간으로 이동하세요. 그리고 당신의 '회복 키트'를 활용할 시간입니다. 단, 이때의 목표는 '재미'가 아니라 '지루함'입니다. 스마트폰은 절대 금물입니다. 화면의 블루라이트가 수면 호르몬인 멜라토닌 분비를 즉각적으로 억제한다는 사실을 우리는 이미 알고 있습니다. 대신, 잔잔한 음악을 듣거나, 아주 재미없는 책을 몇 페이지 읽거나, 따뜻한 허브티를 마시며 몸을 이완시키는 것이 좋습니다.

4. '4-7-8 호흡법'으로 생각의 스위치 끄기

다시 잠들지 못하게 방해하는 것은 대부분 머릿속을 떠도는 생각들입니다. 이때는 호흡에 집중하며 생각의 고리를 끊어 내는 것이 효과적입니다.

4-7-8 호흡법은 단순한 심호흡이 아닙니다. 이것은 우리 몸의

'휴식-회복' 시스템인 부교감신경을 직접적으로 활성화시키는 과학적인 기술입니다. 숨을 길게 내쉬는 과정은 심장 박동을 늦추고 혈압을 낮추는 미주 신경(vagus nerve)을 자극합니다. 한 연구에서는 느린 심호흡이 실제로 스트레스에 대한 반응을 줄이고 주의력을 향상시키는 것으로 나타났습니다.[9]

4초 동안 코로 숨을 깊게 들이마시고,

7초 동안 숨을 참고,

8초 동안 입으로 '후-' 소리를 내며 천천히 숨을 내뱉으세요.

이 과정을 서너 번 반복하다 보면, 어느새 몸의 긴장이 풀리고 마음이 차분해지는 것을 느낄 수 있습니다.

5. 다시 졸릴 때, 그때 침대로 돌아가세요.

'이제 자야 하니까'가 아니라, 정말로 하품이 나고 눈이 스르르 감길 때, 바로 그때 다시 침대로 돌아가세요. 이 리추얼의 핵심은 조급함을 버리는 것입니다. 그래서 이 방법을 쓸 때 '혹시 거실로 나가면 잠이 더 깨는 게 아닐까?'라고 걱정하는 경우도 보았습니다. 만약 걱정된다면 침대 옆에 매트를 깔거나 소파를 두는 것도 방법이 될 수 있습니다. 중요한 것은 조급함을 버리고, 잠에서 깬 시간을 '잃어버린 시간'이 아니라, '나를 조용히 다독여 주는 시간'으로 받아들이는 것입니다. 그러다 보면, 잠은 예고 없이 우리를 다시 찾아올 것입니다.

PART.4 :

13장 | 최고의 수면 도구는 '빛'과 '체온'

아침 햇살이 밤의 수면을 결정한다

 밤중에 잠을 깨우던 도둑들을 몰아내고, 다시 잠드는 기술까지 익히자 저의 밤은 거의 완벽에 가까워졌습니다. 하지만 여전히 마지막 물음표가 남아 있었습니다. 어떤 날은 밤 11시면 자연스럽게 졸음이 쏟아져 침대로 향하는데, 어떤 날은 자정이 넘도록 정신이 말똥말똥해서 잠들기 위해 애를 써야 했습니다.

 '왜 나의 졸음 스위치는 매일 다른 시간에 켜지는 걸까? 어떻게 하면 내가 원하는 시간에 편안하게 잠들 수 있을까?'

 저는 그동안 밤에 일어나는 문제들을 해결하는 데만 온 신경을 쏟아왔다는 것을 깨달았습니다. 잠들기 전의 환경, 새벽에 깼을 때의 대처법 등, 모든 전략이 '밤'이라는 시간대에 국한되어 있었죠. 어쩌면 문제의 근본적인 해결책은 밤이 아닌, 전혀 다른 시간에 숨어있는 것이 아닐까?

 그 순간, 저는 의대생 시절에 배웠던 우리 몸의 '생체 시계(Circadian Rhythm)' 원리를 떠올렸습니다. 우리 몸속에는 24시간 주기로 돌아가는 정교한 시계가 내장되어 있습니다. 뇌 속에는 우리가 언제 잠들고, 언제 깨어날지, 언제 호르몬을 분비할지를 관장하는 '리듬 조절 사령탑'○이 있습니다.

문제는 이 시계가 아주 정교하지만, 매일 아침 약간의 '오차'를 보정해 주지 않으면 조금씩 뒤로 밀리는 성질이 있다는 것입니다. 그리고 이 시계의 시간을 정확하게 맞추는 가장 강력한 도구가 바로 '아침 햇살'이었습니다.[1]

아침에 햇빛이 우리 눈의 망막을 통해 들어오면, 그 신호는 뇌의 리듬 조절 사령탑으로 전달됩니다. 이 신호는 우리 몸에 다음과 같은 두 가지 중요한 명령을 내립니다.

"지금은 아침이야! '수면 호르몬(멜라토닌)' 분비를 중단해!" 이 명령 덕분에 우리는 잠에서 깨어나 활기찬 하루를 시작할 수 있습니다.

"지금부터 약 15시간 뒤에 다시 '수면 호르몬'을 분비할 준비를 시작해!" 바로 이 두 번째 명령이 핵심입니다. 아침 햇살은 밤의 졸음 스위치가 켜질 시간을 '예약'하는 역할을 하는 것입니다.

이 원리가 실제 우리 삶에 얼마나 큰 영향을 미치는지 보여 주는 아주 흥미로운 연구가 있습니다. 연구자들은 일반 사무직 근로자들을 대상으로 손목에 빛 측정 센서를 채워 그들의 일상적인 빛 노출 패턴과 수면의 질을 분석했습니다. 결과는 놀라웠습니다. 아침 시간(오전 8~12시)에 더 많은 빛에 노출된 사람들은 그렇지 않은 사람들에 비해 밤에 잠드는 데 걸리는 시간이 평균 18분이나 더 짧았고, 수면의 질 또한 훨씬 더 높았습니다.[2] 이 연구는 저에게 큰 영감을 주었습니다.

○ 시상하부에 위치한 시교차상핵(suprachiasmatic nucleus, SCN)

평범한 일상에서 아침 햇살을 맞는 작은 습관이 그날 밤의 평화를 결정하는 가장 강력한 변수였던 것입니다.

이 원리를 깨닫고 나자, 저는 제 밤이 왜 그토록 변덕스러웠는지 비로소 이해할 수 있었습니다. 흐린 날, 늦잠을 잔 날, 하루 종일 실내에만 있었던 날 어김없이 밤에 잠들기 어려웠던 것은 아침에 생체 시계를 제대로 맞추지 못했기 때문이었습니다.

저는 그날부터 새로운 실험을 시작했습니다. '아침 햇살을 단순한 기분 전환이 아니라, 밤의 수면을 위한 가장 중요한 약으로 여기고 챙겨 먹어 보자.'

저는 이 실험을 더 정교하게 만들기 위해 빛의 '세기(lux)'에 주목했습니다. 우리 눈의 망막에 있는, 생체 시계를 조절하는 특별한 세포▽는 특히 아침 햇살에 풍부한 블루라이트 파장에 민감하게 반응합니다.[3] 그리고 빛의 세기 역시 중요합니다. 맑은 날 야외의 빛은 100,000럭스가 넘고, 흐린 날조차 1,000럭스 이상이지만, 일반적인 실내 조명은 고작 100~300럭스에 불과합니다. 즉, 창문을 통해 들어오는 빛만으로는 생체 시계를 재설정하기에 충분하지 않을 수 있다는 뜻입니다.

그래서 저는 매일 아침, 눈을 뜨자마자 가장 먼저 커튼을 활짝 열었습니다. 그리고 날씨와 상관없이 10분이라도 창가에 서서 빛을 쬐었습니다. 출근길에는 일부러 한 정거장 먼저 내려 햇볕을 받으며 걸었습니다.

▽ ipRGCs

결과는 기대 이상이었습니다. 밤 11시가 되면 기분 좋은 졸음이 찾아왔습니다. 신기하게도 스마트폰을 보고 싶은 생각조차 들지 않는 진짜 평화였습니다. 더 이상 잠들기 위해 애쓰는 것이 아니라, 그저 자연스러운 졸음의 리듬에 몸을 맡기면 그만이었죠.

우리는 그동안 좋은 잠을 자기 위해 밤에만 너무 많은 노력을 기울여 왔는지도 모릅니다. 하지만 진짜 좋은 밤을 만드는 가장 강력한 스위치는, 사실 아침에 있었습니다.

잠들기 90분 전 샤워의 과학

아침 햇살이라는 강력한 무기 덕분에 저의 생체 시계는 제자리를 찾아가기 시작했습니다. 밤 11시면 어김없이 졸음이 찾아왔고, 저는 더 이상 잠과 씨름할 필요가 없었죠. 하지만 여전히 어떤 날은 예외였습니다. 유독 스트레스가 심했던 날이나, 낮 동안 몸의 긴장이 풀리지 않았던 날이면 어김없이 정신이 말똥말똥해져 침대에서 뒤척여야 했습니다.

'아침에 시계는 잘 맞춰 두었는데, 왜 밤에 스위치가 제대로 켜지지 않는 걸까? 밤의 수면을 위한 또 다른 결정적인 신호는 없을까?'

저는 수면의 질을 결정하는 또 다른 핵심 요소인 '체온'에 주목하기 시작했습니다. 몸의 중심 체온(core body temperature)은 잠들기 직전에 자연스럽게 떨어지고, 또 그래야 잠이 옵니다. 이 미세한 체온의 하강은 뇌에게 '이제 멜라토닌을 분비할 시간이야.'라고 알려 주는 가장 강력한 신호가 됩니다.

그 순간, 저는 하나의 가설을 세웠습니다. '만약 이 체온의 하강을 인위적으로, 그리고 조금 더 극적으로 만들어 준다면, 뇌에 더 확실한 수면 신호를 보낼 수 있지 않을까?'

저는 그날부터 '잠들기 전 샤워'를 저의 새로운 실험 대상으로 삼았습니다. 처음에는 피곤함을 풀기 위해 잠들기 직전에 뜨거운 물로 샤워를 했습니다. 몸은 노곤해졌지만, 이상하게도 정신은 더 또렷해지는 기분이었습니다. 오히려 잠이 달아나는 역효과가 났죠.

저는 다시 연구 자료들을 찾아보며 제 실수가 무엇이었는지 깨달았습니다. 핵심은 잠들기 직전의 '체온'이 아니라, 잠들기 전까지의 '체온의 변화'였습니다. 즉, 일시적으로 체온을 높였다가, 그 체온이 서서히 떨어지는 과정 자체가 강력한 수면 유도 스위치가 된다는 것이었죠.

따뜻한 물로 샤워를 하면 피부 혈관이 확장되면서(혈관 확장, vasodilation) 혈액이 피부 표면으로 몰립니다. 그리고 샤워 후, 이 혈액이 식으면서 몸의 중심부 열을 효과적으로 발산시켜 중심 체온을 떨어뜨리는 원리입니다.[4]

이 원리를 아주 명쾌하게 증명한 흥미로운 연구가 있습니다. 연구자들은 불면증을 겪는 노인들을 대상으로 잠들기 1~2시간 전에 따뜻한 물로 목욕을 하게 하고 수면의 질에 어떤 변화가 있는지 관찰했습니다. 결과는 놀라웠습니다. 따뜻한 목욕을 한 그룹은 그렇지 않은 그룹에 비해 잠드는 데 걸리는 시간이 현저히 짧아졌고, 밤중에 깨는 횟수

가 줄었으며, 깊은 수면(서파 수면)의 양이 증가했습니다.[5]

이 연구는 따뜻한 물을 이용한 '수동적 체온 높이기'○가 단순한 기분 전환을 넘어, 우리 몸의 수면 시스템을 직접적으로 조절하는 강력한 도구가 될 수 있음을 보여 주었습니다. 저는 몇 번의 시행착오 끝에 여러 연구들을 종합하여 최적의 공식을 찾아냈습니다.

'잠들기 90분 전, 따뜻한 물(약 40~42℃)로 15분 샤워하기.'[6]

잠들기 약 90분 전에 따뜻한 물로 샤워를 하면, 우리 몸의 중심 체온은 일시적으로 올라갑니다. 그리고 샤워를 마치고 나오면, 우리 몸은 올라갔던 체온을 다시 원래대로 되돌리기 위해 혈액을 피부 표면으로 보내 열을 발산하기 시작합니다. 바로 이 과정에서 중심 체온이 서서히, 그리고 효과적으로 떨어지게 됩니다.

이 과학적 샤워법을 실천한 첫날 밤, 저는 놀라운 경험을 했습니다. 샤워를 마치고 침실에서 책을 읽는 동안, 이전에 경험해 보지 못했던 깊고 평화로운 졸음이 스르르 감싸는 것을 느꼈습니다. 억지로 잠을 청하는 것이 아니라, 내 몸이 스스로 잠의 문을 여는 듯한 느낌이었습니다.

잠들기 전 샤워는 단순히 몸을 깨끗하게 하는 위생의 문제로만 생각할 수 있습니다. 하지만 이것은 우리 몸의 생체 시계와 체온 조절 시스템을 활용해, 밤의 수면을 내 편으로 만드는 가장 과학적이고 효과적인 기술입니다.

○ Passive body heating, 따뜻한 물(목욕, 족욕, 샤워 등)을 통해 외부에서 체온을 올려 주면 이후 혈관이 확장되면서 열 발산이 촉진되어, 뇌와 중심 체온이 자연스럽게 떨어지도록 유도하는 방법을 말합니다.

PART.4 :

스마트폰 불빛이 우리의 잠을 훔친다

아침 햇살로 밤의 잠을 예약하고, 잠들기 전 샤워로 몸의 수면 스위치를 켜는 법까지. 저는 이제 수면의 비밀을 거의 다 풀었다고 생각했습니다. 제 몸의 생체 시계는 그 어느 때보다 정확하게 작동하는 것 같았죠.

하지만 이 완벽한 시스템에도 불구하고, 여전히 설명할 수 없는 예외가 발생했습니다. 모든 것을 완벽하게 지켜내더라도 잠들기 전 침대에 누워 딱 10분간 스마트폰을 본 날이면 어김없이 잠이 달아나 버렸습니다. 분명 몸은 피곤한데 마음은 대낮과 같은 상태로 각성해 버리는 기이한 현상이었습니다.

'대체 왜? 고작 10분인데, 이 작은 불빛이 나의 모든 노력을 물거품으로 만드는 걸까?'

의사로서 저는 스마트폰의 '블루라이트'가 수면 호르몬인 멜라토닌 분비를 억제한다는 정보를 알고는 있었습니다. 하지만 솔직히 고백하자면, 그 효과를 과소평가하고 있었습니다. '나는 괜찮겠지.'라는 안일한 생각이었죠.

저는 제 자신을 마지막 실험 대상으로 삼아, 이 작은 불빛의 힘을 제대로 마주하기로 결심했습니다. 그리고 그 원리가 생각보다 훨씬 더 강력하고 직접적이라는 사실을 깨닫게 되었습니다.

우리 뇌의 생체 시계는 빛, 그 중에서도 특히 블루라이트 파장에 가장 민감하게 반응합니다. 아침 햇살에 풍부한 이 블루라이트는 우리 마음에 "일어나! 활동할 시간이야!"라고 외치는 강력한 신호입니다. 문제는 스마트폰, 태블릿, TV 화면이 바로 이 '인공적인 아침 햇살'을 밤늦도록 우리 눈에 쏟아붓고 있다는 점입니다.

이 현상이 얼마나 심각한지 보여 주는 연구는 저에게 경종을 울렸습니다. 연구자들은 참가자들을 두 그룹으로 나누어, 5일 동안 잠들기 전 4시간 동안 한 그룹은 빛을 내는 전자책(아이패드)을, 다른 그룹은 인쇄된 종이책을 읽게 했습니다. 그리고 그들의 수면 패턴과 멜라토닌 수치를 정밀하게 측정했죠.

전자책을 읽은 그룹은 종이책을 읽은 그룹에 비해 수면 호르몬인 멜라토닌의 분비 시간이 1시간 반이나 늦추어졌고, 분비량도 50% 이상 억제되었습니다. 그 결과, 잠드는 데 더 오랜 시간이 걸렸을 뿐만 아니라, 감정 조절과 기억력에 중요한 렘수면 시간까지 줄어들었습니다. 더 무서운 사실은, 다음 날 아침에도 그 영향이 이어지면서 훨씬 더 심한 피로감을 느꼈다는 점입니다.[7]

잠들기 전 침대에 누워 스마트폰을 보는 행위는, 우리 마음에 다음과 같이 소리치는 것과 같습니다. "아직 아침이야! 절대 잠들면 안 돼! 멜라토닌 분비를 당장 멈춰!"

우리 몸은 잠들 준비를 마쳤지만, 마음은 아침이라는 거짓 신호를 받고 혼란에 빠져 버리는 것입니다. 이보다 더 확실하게 잠을 훔쳐 가는 도둑은 없었습니다.

이 강력한 효과의 비밀은 우리 눈의 망막에 있는, 생체 시계를 조절하는 특별한 세포○에 있습니다.[8] 이 세포들은 사물을 보는 시각 기능과는 별개로, 오직 빛의 존재와 강도를 감지하여 뇌의 생체 시계에 직접 신호를 보냅니다. 그리고 이 세포들이 가장 민감하게 반응하는 빛이 바로 블루라이트입니다. 또 다른 연구에서는 잠들기 단 2시간 동안 태블릿 PC를 사용한 것만으로도 멜라토닌 수치가 22%나 억제되었다고 보고했습니다.[9]

우리가 '잠깐만'이라고 생각하며 들여다보는 그 작은 불빛이, 사실은 우리 몸의 가장 근본적인 회복 시스템을 마비시키는 강력한 스위치였던 셈입니다.

이 원리를 온몸으로 깨닫고 난 뒤, 저는 마지막 규칙을 만들었습니다. 바로 '잠들기 1시간 전, 디지털 디톡스'였습니다. 침실을 오직 잠과 휴식만을 위한 신성한 공간으로 만들고, 그 어떤 종류의 스크린도 반입을 금지하는 것이었죠.

처음에는 허전했지만, 며칠이 지나자 제 몸은 정직하게 반응했습니다. 아침 햇살로 예약하고 따뜻한 샤워로 스위치를 켠 '졸음'이라는 손님이, 밤이 되자 약속된 시간에 어김없이 저를 찾아왔습니다.

좋은 잠을 위한 마지막 퍼즐 조각은 무언가를 '더하는 것'이 아니었습니다. 오히려 불필요한 것을 '덜어내는 것', 바로 밤의 어둠을 어둠답게 지켜 주는 것이었습니다.

○ 광수용체 세포 ipRGCs(intrinsically photosensitive retinal ganglion cells)

14장 | 월요병, 사실은 주말 탓이었다

매주 시차 적응 중인 우리의 몸

평일 동안 저의 밤은 그야말로 '수면의 정석'이었습니다. 아침 햇살을 쬐며 생체 시계를 맞추고, 저녁에는 '회복 리추얼'로 몸과 마음을 이완시켰으며, 침실에서는 스마트폰을 멀리했죠.

놀라운 변화는 저에게만 찾아온 것이 아니었습니다. 이전까지 엄마의 불규칙한 생활은 아들의 일상까지 흔들고 있었습니다. 매일 밤이 캠핑이라도 되는 것처럼 늦게 잠들고, 제가 먹는 야식을 따라 먹기 일쑤였죠. 당연히 다음 날 아침이면 엄마와 아들 모두 피곤에 절어 하루를 시작했습니다.

하지만 제가 규칙적인 밤을 되찾자, 아이의 일상도 제자리를 찾기 시작했습니다. 정해진 시간에 잠자리에 드는 아이는 뒤척임 없이 깊은 잠을 잤고, 아침이면 저보다 먼저 일어나 활기차게 인사를 건넸습니다. 월요일부터 금요일까지, 저뿐만 아니라 우리 집 전체가 건강한 에너지를 되찾은 것입니다.

하지만 이 모든 평화는 월요일 아침만 되면 산산조각이 났습니다. 일요일 밤에는 이상하게 잠이 오지 않아 뒤척였고, 월요일 아침에는 알람 소리가 천둥처럼 느껴졌습니다. 몸은 천근만근이었고, 머릿속은 안개가 낀 것처럼 멍했으며, 사소한 일에도 짜증이 솟구쳤죠. 우리가 흔히 말하는 '월요병'의 전형적인 증상이었습니다.

'대체 왜일까? 주말 동안 푹 쉬었는데, 왜 월요일은 평일보다 더 피곤한 걸까?'

저는 그동안 월요병을 '주말이 끝나고 다시 출근해야 한다는 심리적인 스트레스' 때문이라고 막연하게 생각해 왔습니다. 하지만 제 몸이 보내는 극심한 피로감은 단순히 마음의 문제로만 설명하기엔 무언가 부족했습니다.

저는 수면 의학의 한 개념인 '사회적 시차증(Social Jetlag)'이라는 용어에서 그 해답의 실마리를 찾았습니다. 이름은 조금 낯설지만, 사실 말 자체로 저는 큰 깨달음을 얻었습니다. 사회적 시차증이란 평일과 주말의 수면 패턴 차이 때문에 우리 몸이 마치 매주 해외여행을 다녀온 것처럼 시차를 겪는다는 이론입니다.[1]

이 사회적 시차증이 우리 몸에 어떤 구체적인 영향을 미치는지 보여 주는 연구는 저에게 큰 충격을 주었습니다. 독일의 한 시간생물학자◦는 수만 명의 사람들의 수면 데이터를 분석하여, 주말에 늦잠을 자는 시간이 1시간 늘어날 때마다 비만 위험이 약 33% 증가한다는 놀라운 결과를 발표했습니다.[2] 이는 단순히 주말에 더 많이 먹기 때문이 아니었습니다. 주말의 늦잠이 우리 몸의 생체 시계를 동쪽으로 여행한 것처럼 뒤로 밀어 버리고, 이로 인해 신진대사와 호르몬 시스템

◦ 틸 뢰네베르크(Till Roenneberg)

에 혼란이 발생하기 때문이었습니다.

그 순간, 저의 주말 풍경이 머릿속을 스쳐 지나갔습니다.

금요일 밤, 저는 일주일 내내 애쓴 스스로를 위한 '보상'이라며 늦게까지 영화를 보다가 잠이 들었습니다. 토요일 아침에는 '밀린 잠을 보충해야 한다.'라는 생각에 늦잠을 잤죠.

문제는 그 다음부터였습니다. 월요일만 되면 아들은 학교에서 친구들의 주말 모험담을 들어야 했습니다. "누구는 아빠랑 낚시 갔었대.", "누구는 놀이공원, 누구는 캠핑 다녀왔대." 아이들의 세상에서 오가는 이 치열한 비교의 경쟁 속에서, 저희 가족만 주말을 평범하게 보낼 수는 없었습니다.

그러다 보니 토요일은 아들을 위해 온 가족의 에너지를 불태우는 날이 되었습니다. 이른 아침부터 짐을 싸서 떠난 나들이는 해가 지면서 끝이 났고, 집에 돌아오면 모두 녹초가 되었죠. 평일 내내 칼같이 지켜왔던 수면 규칙이 '행복한 주말'이라는 이름 아래 완전히 무너져 내렸던 것입니다.

우리 몸의 생체 시계는 아주 정직해서, 주말의 늦은 취침과 기상 시간에 금세 적응해 버립니다. 그러다 일요일 밤, 다시 평일 모드로 돌아가기 위해 일찍 잠자리에 누우면 어떻게 될까요? 우리 몸은 아직 한창 활동할 시간이라고 착각하기 때문에 잠이 오지 않는 것입니다. 마치 서울 시간을 사는 사람이 갑자기 뉴욕 시간에 맞춰 잠들려는 것과 같은 이치죠.

사실 사회적 시차증은 단순히 피로감을 넘어 우리의 정신 건강에도 직접적인 영향을 미칩니다. 또 다른 대규모 연구에서는 사회적 시차증이 클수록 우울 증상의 위험이 높아진다는 사실을 발견했습니다.[3] 주말의 작은 일탈이 우리의 생체 리듬을 교란시키면서, 월요일 아침의 기분과 감정 조절 능력까지 앗아가고 있었던 셈입니다.

이 원리들을 깨닫고 나자, 저는 월요일 아침의 저를 더 이상 탓하지 않게 되었습니다. 문제는 월요일 아침에 있는 것이 아니었습니다. 평일의 노력을 물거품으로 만드는 '주말의 나'에게 있었습니다.

주말 늦잠은 딱 1시간만 허용하세요

'사회적 시차증'. 월요병의 진짜 정체를 알고 나니, 제가 주말마다 해 왔던 행동들이 얼마나 어리석었는지 깨닫게 되었습니다. 평일 내내 애써 맞춰 놓은 생체 시계를 주말 아침의 늦잠 한 번으로 리셋해 버리고 있었으니, 월요일 아침의 피로는 당연한 결과였던 셈입니다.

하지만 이론을 아는 것과 실천하는 것은 전혀 다른 문제였습니다. 일주일 내내 고생한 나에게 주는 가장 달콤한 보상인 '주말 늦잠'을 포기하는 것은 생각만 해도 끔찍했으니까요.

저는 다시 한번 자신을 위한 현실적인 실험을 설계해야 했습니다. '어떻게 하면 주말의 보상을 완전히 포기하지 않으면서도, 사회적 시차증의 피해를 최소화할 수 있을까?'

그 해답은 사실 제가 환자들에게 늘 설명하던 기본 원칙에 있었습니다. 수면 의학에서는 우리 몸의 생체 시계가 큰 혼란 없이 받아들일 수 있는 허용 범위, 즉 '마지노선'을 보통 '1시간'으로 봅니다. 평소 기상 시간에서 1시간 이상 벗어나지 않는다면, 우리 몸은 이를 심각한 '시차'로 인식하는 대신 '유연한 주말 모드' 정도로 자연스럽게 받아들인다는 것이죠.

제가 환자들의 '사회적 시차증'을 진단하고 해결책을 제시하면서, 정작 저 자신의 몸이 보내는 경고 신호는 무시하고 있었던 셈입니다. 이 '1시간'이라는 숫자가 왜 중요한지에 대한 단서는 우리 몸의 대사 시스템에서 찾을 수 있습니다.

한 연구에서는 건강한 성인들을 대상으로 사회적 시차증과 인슐린 저항성(당뇨병의 전 단계) 사이의 관계를 분석했습니다. 그 결과, 사회적 시차증이 1시간 증가할 때마다 인슐린 저항성을 나타내는 지표가 유의미하게 나빠지는 것으로 나타났습니다.[4] 이는 주말 늦잠이 단순히 수면 리듬만 망가뜨리는 것이 아니라, 우리 몸의 혈당 조절 시스템에 직접적인 타격을 주어 살이 찌기 쉬운 체질로 만들고 당뇨병의 위험까지 높인다는 것을 의미합니다.

이것은 우리의 기분과 정신 건강에도 영향을 미칩니다. 또 다른 대규모 연구에서는 사회적 시차증이 1시간인 사람들에 비해, 2시간 이상인 사람들은 우울 증상을 겪을 위험이 훨씬 더 높다는 사실을 발견했습니다.[5] 주말의 잠 몇 시간이 우리 뇌의 마스터 시계(시교차상핵)

뿐만 아니라, 간, 췌장 등 온몸의 장기에 있는 '말초 시계'까지 교란시켜, 월요일 아침의 기분과 감정 조절 능력까지 앗아가고 있었던 셈입니다.

저는 이 '1시간의 법칙'을 저의 새로운 주말 규칙으로 삼았습니다. '주말 늦잠은 평소 기상 시간보다 딱 1시간만 더 허용한다.'

솔직히 고백하자면, 첫 주말은 그야말로 고역이었습니다. 평일 아침 7시에 일어나기 때문에, 토요일 알람은 아침 8시에 맞춰야 했습니다. 알람이 울렸을 때 '조금만 더…' 하는 유혹과 싸우는 것은 야식의 유혹만큼이나 강력했습니다. '주말인데 왜 이래야 하나' 하는 억울한 마음까지 들었죠.

하지만 꾹 참고 일어나 커튼을 걷고 아침 햇살을 쬐었습니다. 그리고 맞이한 월요일 아침. 저는 기적을 경험했습니다. 늘 저를 짓누르던 월요일 아침의 짙은 안개가 걷히고, 다른 날 아침과 같이 가뿐하게 눈을 뜰 수 있었던 것입니다. 단 하루의 늦잠을 포기한 대가로 일주일을 개운하게 시작하게 된 셈이었습니다.

주말 늦잠은 지난 한 주에 대한 '보상'이 아니라, 다가올 한 주에 대한 '빚'을 미리 당겨쓰는 것과 같습니다. 주말 아침의 한 시간을 투자해, 월요일 아침의 평화를 지켜내는 것. 이것이야말로 미래의 나를 안아 주는 가장 현명한 선택입니다.

흐트러진 리듬, 가장 빠르게 리셋하는 법

'수발 늦잠은 딱 1시간만.' 이 규칙은 저의 월요일 아침을 극적으로 바꾸어 놓았습니다. 하지만 인생은 계획대로만 흘러가지 않더군요. 오랜만에 만난 친구들과의 즐거운 수다, 명절 연휴, 혹은 도저히 멈출 수 없던 드라마 정주행까지. '1시간의 법칙'을 알면서도 어쩔 수 없이, 혹은 저 스스로의 유혹에 넘어가 생체 리듬이 완전히 흐트러져 버리는 주말이 찾아왔습니다.

그렇게 보낸 주말 뒤의 월요일 아침은 그야말로 재앙이었습니다. 이전의 월요병과는 비교도 할 수 없는 극심한 피로와 무력감이 저를 덮쳤죠. 가장 힘들었던 것은 '애써 쌓아 올린 탑이 모두 무너졌다.'라는 좌절감이었습니다. '이럴 거면 뭐하러 그동안 노력했나.' 하는 생각에 모든 것을 포기하고 싶은 마음이 굴뚝같았습니다.

이 극심한 피로감의 정체는 무엇일까요? 한 연구는 단 하루의 수면 부족만으로도 우리 뇌의 포도당 대사 능력이 현저히 감소한다는 것을 보여 주었습니다.[6] 뇌는 우리 몸의 주요 에너지원인 포도당을 사용하는데, 잠을 못 자면 뇌가 에너지를 제대로 쓰지 못해 이성적 판단을 내리는 전두엽 피질과 감정을 조절하는 편도체의 기능이 모두 저하되는 것입니다. 즉, 월요일 아침의 멍한 느낌과 짜증은 단순히 기분 탓이 아니라, 뇌가 '에너지 기근' 상태에 빠져 벌어지는 명백한 생리적 현상이었습니다.

하지만 의사로서, 그리고 수많은 시행착오를 거친 실험자로서 저는 알고 있었습니다. 중요한 것은 무너지지 않는 것이 아니라, 무너졌을 때 다시 일어나는 힘이라는 것을요. 완벽한 루틴을 지키는 것보다 더 중요한 것은, 흐트러진 리듬을 빠르게 되돌릴 수 있는 '리셋 버튼'을 내 손에 쥐고 있는 것이었습니다.

저는 다시 한번 가장 효과적인 '생체 시계 리셋 프로토콜'을 설계하기 시작했습니다. 어쩔 수 없이 밤낮이 뒤바뀐 주말을 보낸 뒤, 가장 빠르게 나의 리듬을 되찾아 줄 응급 처치법이었죠. 이 프로토콜의 핵심은 우리 몸의 생체 시계를 재설정하는 가장 강력한 외부 신호°를 총동원하는 것입니다.

앞에서 이야기한 것처럼, 우리 몸의 리듬 조절 사령탑(시교차상핵)를 리셋하는 가장 강력한 신호는 단연 '빛'입니다. 하지만 우리 몸에는 간, 근육, 소화기관 등 온몸에 퍼져 있는 '말초 시계'들이 존재하는데, 이 시계들을 리셋하는 데는 '음식'과 '운동'이 아주 중요한 역할을 합니다.[7] 한 연구에서는 아침 식사를 거르는 것만으로도 수백 개 유전자의 리듬이 바뀌고, 특히 아침에 단백질이 풍부한 식사를 하는 것이 하루의 에너지 대사와 포만감을 조절하는 데 결정적인 역할을 한다는 것을 보여 주었습니다.[8] 이 원리들을 종합하여, 저는 빛, 음식, 움직임이라는 세 가지 신호를 활용한 저만의 리셋 프로토콜을 완성했습니다.

○ 자이트게버(Zeitgeber, 시간제공자)

일요일 오후: 모든 것을 제자리로 돌리는 시간

 늦은 낮잠은 설대 금물: 아무리 피곤해도 오후 3시 이후의 낮잠은 밤의 잠을 훔쳐 가는 가장 큰 도둑입니다. 정 졸리다면 20분 이내로 짧게 끝내세요.

 햇볕 받으며 가볍게 움직이기: 오후 늦게라도 20분 정도 가볍게 산책하며 햇볕을 쬐는 것은 우리 몸에 '아직은 활동할 시간'이라는 신호를 주어, 밤에 찾아올 졸음의 질을 높여줍니다.

 평소보다 이른, 가벼운 저녁 식사: 저녁 식사는 최대한 가볍게, 그리고 평소보다 조금 이른 시간에 마쳐 '3시간의 약속'을 반드시 지켜냅니다. 이는 소화기관에 휴식을 주고, 몸이 수면 모드로 전환될 준비를 돕습니다.

 가장 강력한 수면 리추얼 총동원: 일요일 밤만큼은 우리가 앞에서 배운 모든 수면 리추얼을 총동원해야 합니다. 조명을 낮추고, 스마트폰을 멀리하며, 따뜻한 샤워로 체온의 변화를 유도해 몸이 잠들 준비를 하도록 이끌어 주세요.

월요일 아침: 새로운 한 주를 여는 의식

 알람이 울리면 무조건 일어나기: 아무리 힘들어도 알람이 울리면 즉시 일어나야 합니다. '5분만 더' 눕는 것이 최악의 월요병을 만드는 지름길입니다.

일어나자마자 햇볕 쬐기: 커튼을 활짝 열고 10분 이상 아침 햇살을 쬐는 것은, 흐트러진 생체 시계에 '지금은 아침이야!'라고 외치는 가장 강력한 리셋 버튼입니다.

단백질 위주의 아침 식사: 아침 식사는 거르지 말고, 달걀이나 요거트 같은 단백질 위주로 챙겨 먹는 것이 좋습니다. 이는 밤새 떨어진 혈당을 안정시키고, 하루 종일 활력을 유지하는 데 도움을 줍니다.

한 번의 실수로 모든 것이 끝나는 것은 아닙니다. 우리에게는 언제든 다시 시작할 수 있는 '리셋 버튼'이 있으니까요. 이 사실을 아는 것만으로도 실패에 대한 두려움 없이 조금 더 유연하고 너그러운 마음으로 우리의 밤을 안아줄 수 있습니다.

15장 | 기초가 흔들릴 때, 전문가의 손을 잡는 용기

수면제, 무조건 피하는 게 답일까?

 이 책에서 소개한 모든 방법을 동원하며, 저는 제 삶의 리듬을 거의 완벽하게 되찾았습니다. 하지만 솔직히 고백해야 할 이야기가 남아있습니다. 이 모든 노력에도 불구하고, 도저히 잠들 수 없는 밤이 제게도 찾아왔습니다. 중요한 발표를 앞두고 극심한 긴장감에 시달리던 밤, 혹은 개인적인 일로 큰 스트레스를 받았던 날 밤. 머릿속은 정리되지 않은 생각들로 끓어오르고 심장은 세차게 뛰면서 그동안 시스템화해 두었던 그 어떤 리추얼도 소용이 없었습니다.

 며칠 밤을 뜬눈으로 지새우고 나자 제 몸과 마음은 한계에 다다랐습니다. 낮에는 제대로 된 판단을 내릴 수 없었고, 밤이 오는 것 자체가 공포로 다가왔죠. 바로 그때, 제 머릿속에 '수면제'라는 세 글자가 떠올랐습니다.

 의사로서 저는 수면제의 의존성과 부작용에 대해 누구보다 잘 알고 있었습니다. 환자들에게 늘 생활 습관 교정을 먼저 강조해 왔던 저였기에, 약에 의지하고 싶다는 생각이 드는 자신이 나약하게 느껴졌습니다. '여기서 무너지면 그동안의 노력이 다 헛수고가 되는 거야.' 저는 약을 '최후의 패배'처럼 여기며 버티고 또 버텼습니다.

하지만 며칠간의 지독한 불면 끝에, 저는 중요한 사실을 깨달았습니다. 잠 못 드는 고통 속에서 '의지'만으로 버티는 것은, 때로는 문제를 더 악화시킬 뿐이라는 것을요. 의학적으로, 만성 불면증의 핵심 기전 중 하나는 뇌의 '과각성(Hyperarousal)' 상태입니다.[1] 스트레스나 불안으로 인해 뇌의 각성 시스템이 비정상적으로 활성화되어, 몸은 피곤한데 마음의 스위치는 꺼지지 않는 상태가 지속되는 것이죠. 이 상태에서는 '잠들려고 노력할수록' 오히려 각성 수준이 더 높아져 잠이 달아나는, 이른바 '불면의 악순환(Vicious Cycle of Insomnia)'이 시작됩니다.[2] 잠에 대한 공포가 또 다른 불면의 원인을 낳는 최악의 고리가 만들어지고 있었던 것입니다.

저는 의사가 아닌, 잠 못 드는 한 명의 환자로서 수면제의 역할을 다시 바라보기 시작했습니다. 그리고 수면제를 '의존해야 할 목발'이 아니라, '급류를 건너게 해 주는 임시 다리'로 생각하기로 했습니다.

이 '임시 다리'의 중요성을 보여 주는 흥미로운 연구가 있습니다. 연구자들은 만성 불면증 환자들을 대상으로, 불면증 인지행동치료(CBT-I)만 진행한 그룹과 치료 초기에 단기간 수면제를 함께 사용한 그룹의 효과를 비교했습니다. 결과는 어땠을까요? 초기에 수면제를 함께 사용한 그룹은 잠에 대한 즉각적인 성공 경험을 통해 불안감을 낮추고, 인지행동치료에 더 적극적으로 참여할 수 있었습니다. 이를 통해 장기적으로는 약 없이도 건강한 수면 습관을 유지하는 데서 더 높은 성공률을 보였습니다.[3] 이 연구는 저에게 큰 용기를 주었습니다.

수면제는 장기적인 해결책이 될 수는 없지만, 불면의 악순환을 '급하게 끊어내야 할 때' 아주 유용한 응급 처치 도구가 될 수 있다는 뜻입니다. 지독한 불면의 급류에 휩쓸려 허우적댈 때, 잠시 이 다리를 이용해 강 반대편으로 안전하게 건너가는 것입니다. 그리고 맞은편 땅에 발을 딛고 난 뒤에는, 다시 우리가 함께 배운 생활 습관이라는 두 다리로 튼튼하게 걸어 나가는 것이죠.

중요한 것은 절대로 혼자 판단하지 않는 것입니다. 수면제는 반드시 의사와의 충분한 상담을 통해, 나에게 맞는 종류와 용량을 처방받아야 합니다. 그리고 '언제까지, 어떻게 사용하고, 어떻게 끊을 것인지'에 대한 명확한 계획을 함께 세워야 합니다.

수면제를 무조건 피하는 것만이 답은 아닐 수 있습니다. 때로는 전문가의 도움을 받아 약의 힘을 현명하게 빌리는 것. 그것이 바로 나를 방치하지 않고 적극적으로 돌보는 '도움받는 용기'입니다.

멜라토닌에 대한 오해와 진실

수면제에 대한 막연한 두려움을 가진 분들이 가장 먼저 찾는 대안이 바로 '멜라토닌 영양제'입니다. '우리 몸에서 나오는 호르몬이니 안전하겠지.', '천연 수면제 같은 거 아닐까?' 하는 생각으로 부담 없이 접근하곤 하죠.

저 역시 그랬습니다. 수면제 처방을 고민하던 시기, 저는 먼저 해외 직구로 멜라토닌 영양제를 구입해 보았습니다. 의사로서 그 원리를

PART.4 :

알고 있었음에도, '혹시나' 하는 마음에 지푸라기라도 잡고 싶었던 것이죠. 하지만 며칠간 복용해 본 결과, 제가 기대했던 효과는 거의 나타나지 않았습니다. 어떤 날은 조금 도움이 되는 것 같다가도, 어떤 날은 아무런 도움이 되지 않았죠.

저는 이 경험을 계기로, 환자가 아닌 의사의 시선으로 멜라토닌의 정체를 다시 한번 파고들기 시작했습니다. 그리고 우리가 멜라토닌에 대해 얼마나 큰 오해를 하고 있었는지 깨닫게 되었습니다.

멜라토닌은 '수면제'다? 이것은 가장 큰 오해입니다. 수면제는 뇌의 활동을 억제해 강제로 잠들게 하는 '진정제'에 가깝습니다. 하지만 멜라토닌은 그런 기능이 없습니다. 멜라토닌의 진짜 별명은 '수면 호르몬'이 아니라 '어둠의 호르몬' 또는 '밤의 전령'입니다.

멜라토닌의 역할은 우리 마음에 "지금은 밤이야, 어두워졌어. 이제 곧 잠들 시간이야."라고 알려 주는 신호등과 같습니다. 즉, 잠을 '만들어 내는' 것이 아니라, 잠이 올 수 있도록 '타이밍을 알려 주는' 역할을 하는 것이죠.[4] 우리가 13장에서 이야기했던 생체 시계의 일부인 셈입니다.

멜라토닌은 '시차 조절제'에 가깝습니다. 이러한 원리 때문에 멜라토닌은 만성적인 불면증보다는, 해외여행이나 교대 근무처럼 밤낮이 완전히 뒤바뀌었을 때 가장 큰 효과를 발휘합니다. 일반 수면제처럼 억지로 잠들게 하는 것이 아니라, 흐트러진 우리 몸의 시계를 다시 정상으로 맞추는 역할을 하기 때문이죠.

실제로 5시간 이상 시차가 나는 곳으로 여행한 사람들을 대상으로 한 여러 연구를 종합한 결과가 있습니다. 여행지에 도착해서 잠들기 전 멜라토닌을 먹은 사람들은 그렇지 않은 사람들에 비해 시차 적응의 어려움, 즉 피로감이나 불면 증상을 훨씬 덜 겪었습니다.[5] 멜라토닌이 우리 몸의 시간을 현지 시간에 맞게 '재설정'해 주는 스위치 역할을 한 셈입니다. 최근 미국 질병통제예방센터(CDC)는 시차 적응을 위한 멜라토닌 활용 연구들을 모두 검토하여, 5mg 이상 고용량은 권장되지 않고 0.5~1mg 정도의 소량도 충분히 효과적이라고 제시하고 있습니다.[6]

멜라토닌은 건강기능식품으로 분류되어 있어 온라인으로 쉽게 구매할 수 있습니다. 제품 상세 정보에 '천연', '식물성'과 같은 단어가 보이면 막연히 안전할 것이라는 느낌이 들어 더 쉽게 선택하게 됩니다. 하지만 '천연'이나 '식물성'이라는 말이 '안전'을 보장하지는 않습니다.

이 우려를 뒷받침하는 연구가 있습니다. 연구자들은 시중에서 판매되는 31개의 멜라토닌 보충제를 수거하여 실제 성분을 분석했습니다. 결과는 실망스러웠죠. 제품에 표시된 멜라토닌 함량과 실제 함량의 차이가 무려 -83%에서 +478%까지 극심하게 나타났습니다. 더 심각한 문제는, 분석된 제품 중 26%에서 다른 정신건강의학과 처방 물질이 검출되었다는 점입니다.[7] 이 연구는 우리가 쉽게 구매하는

PART.4 :

'천연' 보충제가 얼마나 큰 위험을 안고 있을 수 있는지에 대해 명백히 보여 주었습니다.

그렇다면 병원에서 처방하는 멜라토닌은 무엇이 다를까요? 의사의 처방이 필요한 전문의약품 멜라토닌은 '서방정(prolonged-release)' 형태로 만들어져 있습니다. 이는 약물이 한 번에 방출되는 일반 영양제와 달리, 밤새도록 서서히 방출되도록 특수하게 설계된 것입니다. 이는 우리 몸이 밤에 자연적으로 멜라토닌을 분비하는 패턴과 유사하여, 잠드는 것뿐만 아니라 수면을 유지하고 질을 높이는 데 도움을 줍니다. 특히 나이가 들면서 멜라토닌 분비량이 자연적으로 감소하여 새벽에 자주 깨는 55세 이상의 불면증 환자에게 효과적인 치료 옵션으로 사용됩니다. 함량과 순도가 정확하게 관리되는 전문의약품이라는 점도 큰 차이입니다.

이 모든 탐구의 끝에서 저는 아주 단순한 진실과 마주했습니다. 외부에서 멜라토닌을 보충하는 것보다 훨씬 더 강력하고 안전한 방법은, 바로 내 몸이 스스로 멜라토닌을 충분히 만들어 내도록 환경을 조성해 주는 것이었습니다.

그리고 그 방법은 우리가 이미 앞에서 모두 배운 것들입니다.

아침에 햇살을 쬐어 생체 시계의 스위치를 켜고,

밤에는 조명을 낮추고 스마트폰 불빛을 멀리해 '어둠'을 선물하며,

따뜻한 샤워로 몸이 잠들 준비를 하도록 돕는 것.

이것이야말로 내 몸 안의 '멜라토닌 공장'을 가장 활발하게 가동시키는 최고의 방법입니다. 외부에서 빌려온 힘에 의지하기 전에, 우리 안에 이미 잠들어 있는 강력한 힘을 먼저 깨우는 것. 그것이 바로 우리가 가야 할 진짜 회복의 길입니다.

혼자서 힘들 땐 전문가의 손을 잡기

이 책은 제가 직접 부딪히고 깨달으며 찾아낸 '스스로 밤을 안아 주는 법'에 대한 긴 여정의 기록입니다. 저는 이 책에 담긴 방법들을 통해 제 삶의 리듬을 되찾았고, 수많은 환자분들이 밤의 평화를 되찾는 과정을 곁에서 지켜볼 수 있었습니다.

하지만 의사로서, 그리고 이 길을 먼저 걸어 본 사람으로서 마지막으로 꼭 드리고 싶은 말씀이 있습니다. 이 모든 노력을 다했음에도 불구하고, 여전히 감당하기 힘든 불면과 불안, 혹은 우울감에 시달리고 있다면, 그것은 더 이상 당신의 의지나 노력의 문제가 아닐 수 있다는 것입니다.

저 역시 그랬습니다. 생활 습관을 교정하고 마음을 들여다보고 호르몬의 주기를 이해하고 수면 환경을 바꾸는 등 모든 노력을 다했지만, 제 안의 깊은 불안감이나 스트레스의 근본적인 원인까지 해결할 수는 없었습니다. 때로는 마음속 지하실이 너무 어두워서, 혼자서는 그 안에 무엇이 있는지 들여다볼 용기조차 나지 않을 때가 있습니다.

바로 그때, 우리에게는 전문가의 손전등이 필요합니다.

우리가 이 책에서 함께 배운 많은 방법들은 불면증 인지행동치료(CBT-I)와 같은 전문적인 치료법에 기반을 두고 있습니다. 실제로 한 메타 분석 연구에 따르면, 책이나 앱을 통한 자가 인지행동치료(Self-help CBT-I)는 불면증 개선에 유의미한 효과가 있는 것으로 나타났습니다.[8]

하지만 전문가와 직접 대면하여 치료를 진행했을 때 그 효과가 훨씬 더 크고 지속적이라는 사실 또한 명백하게 연구 결과로 나와 있습니다.[9] 이는 단순히 지식을 얻는 것을 넘어, 나를 지지하고 이해해 주는 전문가와의 '치료적 동맹(Therapeutic Alliance)'이 회복 과정에서 얼마나 중요한지를 보여 줍니다.

우리는 그동안 '정신건강의학과'나 '심리 상담'이라는 단어에 너무 많은 오해와 편견의 벽을 쌓아 왔는지도 모릅니다. '의지가 약한 사람들이나 가는 곳', '특별히 심각한 문제가 있는 사람만 가는 곳'이라는 생각에, 도움을 청하는 것을 실패나 나약함의 증거처럼 여겨 왔습니다.

하지만 감기에 걸리면 내과에 가고 이가 아프면 치과에 가듯이, 마음에 감기가 들고 잠의 근육에 부상을 입었을 때 전문가를 찾는 것은 지극히 당연하고 현명한 일입니다.

특히 밤의 식욕 문제가 단순한 습관을 넘어 '야식 증후군(Night Eating Syndrome)'이나 '폭식 장애(Binge Eating Disorder)'의

경계에 있다고 느껴진다면, 전문가의 도움은 선택이 아닌 필수입니다. 한 연구에서는 폭식 장애를 겪는 사람들에게 인지행동치료를 제공했을 때, 폭식 행동이 현저히 감소하고 음식과의 건강한 관계를 회복하는 데 큰 도움이 되었다고 보고했습니다.[10] 혼자서 끙끙 앓으며 문제를 키우는 대신, 전문가와 함께 안전하고 효과적인 길을 찾는 것이 훨씬 더 빠른 회복의 지름길입니다.

혼자서 힘들 땐, 용기를 내어 전문가의 문을 두드려 보세요. 그것은 결코 패배가 아닙니다. 오히려 내 문제를 정면으로 마주하고, 해결하기 위해 가장 적극적으로 행동하는 가장 큰 용기입니다. 이 책에서 배운 모든 것들을 손에 들고 전문가와 함께한다면, 당신은 훨씬 더 빠르고 안전하게 평온한 밤으로 향하는 길을 찾을 수 있을 것입니다.

이 책의 마지막 장을 덮는 당신이 야식 대신 따뜻한 차를 마시고 스마트폰 대신 사랑하는 사람의 목소리를 들으며 필요할 땐 기꺼이 도움의 손길을 잡을 줄 아는, 자기 자신을 온전히 안아 주는 사람이 되기를 진심으로 응원합니다.

4부를 마무리하며: 밤의 주인이 된 당신에게

4부의 여정을 통해 우리는 '잠'이라는 가장 깊고 어두운 바다를 성공적으로 항해했습니다. 더 이상 이유 없이 조각나는 잠 앞에서 불안해하거나, 지긋지긋한 월요병 앞에서 무력하게 쓰러지지 않아도 괜찮습니다.

우리는 새벽 3시마다 찾아오던 불청객들의 정체를 밝혔고, 아침 햇살과 따뜻한 샤워라는 가장 강력한 등대와 나침반을 손에 쥐었습니다. 주말의 작은 일탈이 어떻게 한 주 전체를 흔드는지 알게 되었으며, 때로는 전문가의 손을 잡는 것이 가장 큰 용기임을 배웠습니다.

이제 당신의 밤은 그 어느 때보다 단단하고 평온합니다. 우리는 밤에 일어날 수 있는 거의 모든 문제에 대한 '수비 전략'을 완벽하게 갖추었습니다.

하지만 여기에 마지막 질문이 남습니다. 밤의 평화는 매일 밤 이렇게 애써 '지켜 내야만' 하는 걸까요?

밤의 평화를 위협하는 스트레스와 허기라는 파도를, 낮 동안 미리 잠재울 수는 없을까요? 수비에만 급급했던 우리의 전략을, 이제는 승리를 확신하는 '선제공격'으로 바꿀 수는 없을까요?

그렇습니다. 우리의 여정은 이제 밤의 수비를 넘어, 낮의 공격으로 나아갑니다.

5부에서는 당신의 '낮'이 어떻게 당신의 '저녁'을 더 가볍고 평온하게 만드는지, 그 비밀을 파헤칩니다.

아침의 첫 끼니부터 오후의 커피 한 잔, 그리고 최고의 감정 소화제가 되어 줄 움직임까지. 당신의 낮 시간이 밤의 평화를 결정하는 가장 결정적인 순간이 될 것입니다.

밤을 완벽하게 지배하게 된 당신, 이제 낮의 주인이 될 시간입니다.

떡볶이
떡는
의사

05

PART 5

4단계

소중한 집을 지키는 낮의 습관

떡볶이 먹는 의사

평온함이
만드는
의사

PART.5 :

16장 | 밤의 평화를 결정하는 두 번의 기회

지금까지의 긴 여정을 통해 우리는 밤의 평화를 지키는 훌륭한 '수비 전략'을 갖추게 되었습니다. 이 방법이 어느 정도 익숙해질 무렵, 이런 생각이 들었습니다. 이렇게 매일 밤 반복되는 수비에만 급급할 것이 아니라, 낮 시간 동안 밤의 허기와 불안을 미리 잠재우는 강력한 '선제 공격 전략'이 필요하다는 것 말입니다. 그리고 그 전략의 시작은 바로 '저녁 멈춤' 후 맞이하는 첫 식사에 있었습니다.

'저녁 멈춤'을 실천하며 제가 가장 많이 받았던 질문이자, 스스로 가장 깊이 고민했던 주제는 바로 "아침을 꼭 먹어야 하나요?"였습니다.

솔직히 고백하자면, 저에게 아침 식사는 오랫동안 괴로운 기억이었습니다. 저희 집은 아침을 꼭 챙겨 먹는 가풍이 있었고, 매일 아침 식탁에는 흰쌀밥에 된장찌개나 콩나물국, 짭짤한 장조림이나 젓갈, 김치 같은 반찬들이 올랐습니다. 집에서 먹는 '건강한 한식'이었지만, 이상하게도 그 밥을 먹고 학교에 가면 오전 내내 쏟아지는 졸음을 이기기 힘들었습니다. 그리고 3교시가 끝날 무렵이면 어김없이 찾아오는 허기에, 점심 시간이 되기도 전에 매점으로 달려가 컵라면을 먹어야만 했죠.

스무 살이 넘어 독립하면서, 저는 해방감과 함께 아침을 거르기 시작했습니다. 놀랍게도, 억지로 밥을 먹었을 때보다 속도 편하고 오전의 집중력도 훨씬 좋았습니다. '역시 나에게 아침은 맞지 않아.'라고 확신했죠. 하지만 그러한 확신은 스트레스가 극심한 시기에 여지없이 무너졌습니다. 몸에 시동이 걸리지 않는 것처럼 아침부터 기력이 없고, 무언가를 먹지 않으면 하루를 시작할 힘조차 나지 않았습니다.

도대체 무엇이 문제였을까요? 왜 어떤 아침은 굶는 것이, 또 어떤 아침은 먹는 것이 더 좋게 느껴졌을까요?

이 오랜 미스터리는 제가 의사가 되어 '시간생물학(Chronobiology)'과 우리 몸의 스트레스 시스템을 깊이 공부하면서 비로소 풀렸습니다. 어린 시절 저를 괴롭혔던 것은 '아침 식사' 자체가 아니었습니다. 바로 '혈당 롤러코스터'를 유발하는 식단이 문제였습니다. 흰쌀밥과 짜고 자극적인 반찬 위주의 식사는 혈당을 급격히 올렸다가 떨어뜨렸고, 이로 인해 저는 '반응성 저혈당'을 겪으며 졸음과 극심한 허기를 느꼈던 것입니다. 그 허기를 달래기 위해 또 다른 정제 탄수화물인 컵라면을 먹는 악순환이 반복되었죠.[1]

반면, 독립 후 아침을 걸렀을 때 몸이 가벼웠던 것은 이 혈당 롤러코스터를 피할 수 있었기 때문입니다. 하지만 만성적인 스트레스로 '소진(exhaustion)' 상태에 빠졌을 때는 이야기가 달랐습니다. 우리 몸의 스트레스 조절 시스템(HPA axis)이 지쳐 버린 상태에서는, 아침 공복이 주는 스트레스가 오히려 몸을 비상사태로 몰아넣습니다. 이때는 규칙적인 첫 식사를 통해 "괜찮아, 에너지가 공급될 거야."라는 안정의 신호를 보내는 것이 무엇보다 중요합니다. 혈당의 안정이 곧 감정의 안정이 되기 때문입니다.

이 쓰라린 경험과 탐구를 통해 저는 중요한 원칙을 세웠습니다. 만약 당신이 만성적인 피로와 스트레스에 시달리고 있다면, '첫 끼니'의 유연성보다 '규칙성'이 훨씬 더 중요합니다. 특히 오전 10시 이전에 단백질이 풍부한 첫 식사를 하는 것은, 하루 종일 요동칠 수 있는 혈당과 감정의 롤러코스터를 막는 가장 든든한 안전벨트가 되어 줍니다.

이 유연한 접근법의 중요성은 또 다른 연구에서도 확인할 수 있습니다. 연구자들은 아침 식사가 식욕 조절에 미치는 영향을 분석했는데, 중요한 것은 단순히 아침을 먹는 행위 자체가 아니라, 그 식사에 '단백질'이 충분히 포함되어 있는지 여부였습니다. 단백질이 풍부한 아침 식사는 배고픔 호르몬인 그렐린의 수치를 효과적으로 억제하고, 하루 종일 포만감을 높여 결과적으로 총 섭취 칼로리를 줄이는 것으로 나타났습니다.[2] 즉, 언제 먹느냐보다 '무엇을 먹느냐'가 밤의 허기를 막는 데 결정적인 열쇠였던 것입니다.

이제 '아침을 굶어야 할까, 먹어야 할까?'라는 낡은 질문은 내려놓아도 좋습니다. 대신, 당신의 몸에 이렇게 물어보세요. "오늘 나의 몸은 지쳐 있니, 아니면 활기차니? 너의 오늘 첫 끼니는 언제가 가장 편안하겠니? 그리고 그 소중한 첫 끼니를 어떤 영양으로 채워줄까?" 이 질문에 답을 찾는 순간, 당신은 비로소 하루 전체의 식사 리듬을 주체적으로 설계할 수 있게 될 것입니다.

밤의 폭식을 막는 '방탄 점심'의 조건

'첫 끼니'의 시간을 내 몸의 리듬에 맞추기 시작하자, 저는 하루의 식사 리듬에 대한 주도권을 되찾은 기분이었습니다. 하지만 또 다른 복병이 저를 기다리고 있었습니다. 바로 '오후 4시의 허기'와 '저녁 8시의 폭식'이라는 이름의 불청객이었습니다.

분명 첫 끼니는 만족스럽게 했는데도, 오후만 되면 어김없이 집중력이 떨어지고 단 것이 당겼습니다. 그리고 그 허기를 간신히 참고 저녁 식탁에 앉으면, 이성의 끈을 놓아버린 사람처럼 허겁지겁 음식을 먹어 치우는 제 자신을 발견하곤 했죠. 밤의 평화를 지키겠다는 결심이 무색해지는 순간이었습니다.

저는 다시 한번 제 하루를 복기하기 시작했습니다. 그리고 문제의 원인은 무심코 먹었던 '점심 식사'에 있다는 것을 깨달았습니다. 바쁜 날이면 저는 파스타나 빵, 혹은 흰쌀밥 위주의 한식으로 점심을 해결하곤 했습니다. 이런 식사는 당장의 허기는 해결해 주었지만, 진짜 포만감을 주지는 못했습니다. 혈당을 급격히 올렸다가 떨어뜨리는 '혈당 롤러코스터'에 몸을 실은 셈이었죠.

이 현상은 단순히 기분 탓이 아닙니다. 점심에 정제 탄수화물 위주의 식사를 하면, 우리 몸은 급격히 치솟은 혈당을 처리하기 위해 인슐린을 과도하게 분비합니다. 이로 인해 오후 4시쯤 혈당이 정상 수치 이하로 곤두박질치는 '반응성 저혈당'을 겪게 되죠. 우리 몸은 이를 심각한 위기 상황으로 인식하고, 스트레스 호르몬인 코르티솔을 분비하여 혈당을 끌어올리려 합니다.[1] 바로 이 코르티솔이 우리를 불안하고 초조하고 짜증 나게 만들며, 이러한 감정의 소용돌이를 잠재우는 가장 빠르고 확실한 연료인 설탕과 정제 탄수화물을 갈망하게 만드는 것입니다. 저녁의 과식과 밤의 야식으로 이어지는 최악의 도미노는 바로 이 점심 식사에서 시작되고 있었던 셈입니다.

저는 깨달았습니다. 점심은 그저 한낮의 식사가 아니라, 저녁 8시의 나를 지켜 줄 가장 강력한 '방탄조끼'가 되어야 한다는 것을요. 저는 수많은 시행착오 끝에, 밤의 폭식을 막아주는 '방탄 점심'의 세 가지 조건을 완성했습니다.

조건 1: 착한 탄수화물이 '기초 체력'을 만든다.

통곡물, 채소, 콩류처럼 섬유질이 풍부한 탄수화물은 혈당을 안정시키고 오후 내내 꾸준한 에너지를 공급하는 가장 중요한 연료입니다. 실제 연구에서도 균형 잡힌 점심 식사가 저녁 혈당 스파이크를 억제하는 효과가 확인되었습니다.[3] 단순히 배만 채우는 탄수화물이 아니라, 혈당을 안정적으로 유지해 주는 '착한 탄수화물'을 선택하는 것이 오후 허기를 예방하는 첫걸음입니다.

조건 2: 든든한 단백질이 '포만감'을 채운다.

손바닥만 한 크기의 단백질(닭가슴살, 생선, 두부, 콩 등)을 점심에 꼭 포함해 보세요. 단백질은 포만감 호르몬(GLP-1)을 자극해, 식후 만족감을 오래 유지시킵니다. 실제로 단백질 위주의 점심을 먹은 그룹은 탄수화물 위주의 점심을 먹은 그룹에 비해 저녁 식사 섭취량이 적었고, 허기와 음식에 대한 기대감도 낮았습니다.[4] 또 다른 연구에서는 점심 이후 고단백 간식을 추가했을 때 오후 허기가 줄고 실제 섭취량도 줄어드는 효과가 보고되었습니다.[5] 단백질의 힘은 저녁까지 이어지는 포만감의 연결고리입니다.

조건 3: 건강한 지방이 '만족감'을 완성한다.

샐러드에 뿌리는 올리브 오일 한 스푼, 반찬으로 곁들이는 견과류 몇 알, 밥에 넣어 먹는 아보카도 반쪽. 이 작은 건강한 지방이 식사의 만족감을 극대화하고, 오후 내내 이어지는 군것질의 유혹을 막아 주는 비밀 무기입니다. 건강한 지방은 소화 속도를 늦춰, 길고 안정적인 만족감을 선사합니다.

이 세 가지 조건으로 점심을 바꾸자, 변화가 일어났습니다. 오후 4시의 허기가 사라졌고, 저녁 식사를 과식 없이 기분 좋게 마칠 수 있게 되었습니다. 점심은 더 이상 '대충 때우는 한 끼'가 아닙니다. 그것은 평온한 저녁을 위해 우리가 낮에 할 수 있는 가장 현명하고 확실한 투자입니다.

커피와 영리하게 함께하는 법

'방탄 점심' 덕분에 오후 4시의 허기와 저녁의 과식은 막을 수 있었습니다. 하지만 여전히 해결되지 않은 문제가 있었습니다. 이유 없이 오후만 되면 불안하고 초조해지는 날이 많았고, 밤에는 분명 잠이 드는데도 아침이면 개운하지 않은 날이 반복되었습니다.

저는 그 원인을 막연히 스트레스 탓으로 돌렸습니다. 하지만 어느 날 오후, 초조한 마음을 달래기 위해 또다시 커피를 마시려던 자신을 발견하고는 문득 이런 생각이 들었습니다. '혹시 나를 불안하게 만드는 것이 스트레스가 아니라, 그 스트레스를 풀기 위해 마시는 커피는 아닐까?'

의사로서 저는 카페인이 수면을 방해한다는 사실을 너무나 잘 알고 있었습니다. 그래서 12장에서 이야기했듯, 오후 2시 이후에는 마시지 않는다는 '카페인 통금 시간'도 비교적 잘 지키고 있었죠. 문제는 제가 커피를 마시는 '시간'과 '방법'에 있었습니다.

저는 매일 아침, 눈을 뜨자마자 텅 빈 속에 모닝커피를 붓는 것으로 하루를 시작했습니다. 잠을 깨우는 가장 확실한 의식이라고 믿었기 때문이죠. 하지만 이 습관이야말로 제 몸의 스트레스 시스템을 교란하는 최악의 스위치였습니다.

우리 몸은 아침에 잠에서 깨어나기 위해 자연적으로 스트레스 호르몬인 코르티솔을 분비합니다. 특히 기상 후 30~45분 사이에 코르티솔 수치가 정점을 찍는 현상을 '코르티솔 각성 반응'○이라고 합니다.[6] 이것은 우리 몸에 시동을 걸어 활기찬 하루를 시작하게 하는 지극히 정상적인 과정입니다. 그런데 이미 코르티솔 수치가 최고조에 달한 이 시간에 커피를 마시는 것은, 활활 타오르는 불에 기름을 붓는 것과 같습니다. 이는 우리 몸을 과도한 각성 상태로 만들어 오후에는 더 심한 피로와 불안감을 유발하고, 장기적으로는 우리 몸의 자연스러운 코르티솔 리듬을 망가뜨릴 수 있습니다.

저는 그날부터 커피와 함께하는 법을 바꾸기로 결심했습니다. 커피를 끊는 것이 아니라, 커피를 '영리하게' 이용하는 것이었죠.

규칙 1: 기상 후 90분, '골든 타임'을 기다린다.

저는 아침에 일어나면 가장 먼저 커피가 아닌, 미지근한 물 한 잔으로 몸을 깨우기 시작했습니다. 그리고 커피는 코르티솔 각성 반응이 자연스럽게 끝나는 기상 후 90분에서 2시간 사이에 마시는 것을 새로운 원칙으로 삼았습니다. 이 '골든 타임'에 마시는 커피는 우리 몸의 자연스러운 리듬을 방해하지 않으면서, 오전의 집중력을 가장 효과적으로 높여 주었습니다.

규칙 2: 나의 '카페인 통금 시간'을 찾는다.

사람마다 '카페인 통금 시간'이 다른 이유는 우리 유전자 때문입니다.

○ Cortisol Awakening Response, CAR

우리 몸은 간에 있는 특정 효소(CYP1A2)를 이용해 카페인을 분해하는데, 유전자에 따라 그 능력이 다릅니다. 그래서 카페인을 아주 빨리 분해하는 '빠른 대사자'와, 천천히 분해하는 '느린 대사자'로 나뉘죠.[7] 한 연구에 따르면, '느린 대사자'는 하루에 커피를 2~3잔만 마셔도 심장 질환의 위험이 높아질 수 있는 반면, '빠른 대사자'는 그렇지 않습니다.[8]

제 증상을 돌이켜 보면, 저는 유전적으로 '느린 대사자'였던 셈입니다. 오후 2시에 마신 커피 한 잔이 밤 10시까지 제 몸에 영향을 미쳤던 것이죠. 이 사실을 깨닫고, 저는 저만의 통금 시간을 '오후 1시'로 조금 더 앞당겼습니다. 이 두 가지 규칙을 지키자, 오후의 이유 없는 불안감이 사라졌습니다. 그리고 밤에는 훨씬 더 깊고 편안한 잠을 잘 수 있었습니다.

그렇다면 '카페인 통금 시간' 이후에 커피가 간절히 생각날 때는 어떻게 해야 할까요? 이때 디카페인 커피는 아주 훌륭한 대안이 될 수 있습니다. 커피 특유의 맛과 향이 주는 심리적 만족감을 누리면서도, 수면에 미치는 영향은 최소화할 수 있으니까요. 다만, '디카페인'이 '카페인 제로'를 의미하는 것은 아니라는 점을 기억해야 합니다. 제품에 따라 소량의 카페인이 남아 있을 수 있으니, 만약 저처럼 카페인에 민감한 '느린 대사자'라면 디카페인 커피를 마신 날 밤의 수면 질이 어땠는지 관찰해 보는 지혜가 필요합니다. 가장 안전하고 이상적인 선택은 역시 카페인이 전혀 없는 허브티입니다.

커피는 우리의 적이 아닙니다. 하지만 아주 강력한 힘을 가진 도구이기에, 신중하고 영리하게 사용해야 합니다. 나의 몸과 대화하며 커피와 건강하게 함께하는 법을 찾는 순간, 커피는 더 이상 우리의 밤을 방해하는 불청객이 아닌, 우리의 낮을 활기차게 만들어 주는 든든한 친구가 될 것입니다.

PART.5 :

17장 | 움직임, 최고의 감정 소화제

'운동'이 아니라 '기분 전환'입니다

'방탄 점심'과 '영리한 커피 습관' 덕분에 낮 시간은 한결 안정되었습니다. 하지만 여전히 스트레스가 유독 심한 날이면, 어김없이 밤에 '마음허기'가 덮쳤습니다. 아무리 완벽한 식사를 해도, 하루 종일 쌓인 감정의 찌꺼기들은 밤이 되면 음식이라는 가장 손쉬운 배출구를 찾았던 것입니다.

저는 깨달았습니다. 음식으로 들어오는 것을 막는 것만으로는 부족하다. 낮 동안 쌓인 감정의 독소를 미리 빼내 줄 또 다른 강력한 '소화제'가 필요하다는 것을요. 그리고 그 가장 확실한 소화제가 바로 '움직임'이라는 것을[1] 의사로서 저는 잘 알고 있었습니다. 이론적으로는요.

문제는, 머리로 아는 것과 몸으로 실천하는 것 사이의 거리가 너무나 멀었다는 점입니다. 저 역시 처음에는 야식을 피하기 위해 억지로 운동을 시작했습니다. 퇴근 후 지친 몸을 이끌고 헬스장으로 향해, '오늘 먹은 칼로리를 태워야 해.'라고 스스로를 채찍질하며 러닝머신 위를 달렸습니다.

며칠 지나지 않아 발바닥과 무릎이 욱신거리기 시작했습니다. 통증을 참고 움직이는 것은 고문과도 같았죠. 그 순간, 진료실에서 만났던 환자분들이 "정형외과 의사가 운동하지 말라고 했어요."라고 말하던 그 심정을 온몸으로 이해하게 되었습니다.

움직임이 오히려 고통이 되자, 저의 마음은 무너져 내렸습니다. '나는 이것마저 제대로 못 하는구나.' 하는 좌절감은 결국 저를 다시 야식 앞으로 이끌었습니다. 운동을 마친 뒤에는 '이만큼 고생했으니 먹어도 돼.'라는 강력한 보상 심리가, 운동을 포기한 날에는 '어차피 망했어.'라는 자포자기의 심정이 저를 덮쳤습니다. 악순환의 반복이었습니다.

그날 밤, 저는 텅 빈 그릇 앞에서 중요한 사실을 깨달았습니다. 제가 운동을 '살 빼기 위한 고통스러운 숙제'로 여기는 한, 저의 마음은 운동 후에 더 큰 '보상(음식)'을 요구할 수밖에 없다는 것을요. 이는 심리학에서 말하는 '외적 동기(Extrinsic Motivation)'의 함정이었습니다. 한 연구에 따르면, 체중 감량이나 건강상의 의무감 같은 외적 동기로 운동하는 사람들은 운동 자체를 즐기는 '내적 동기(Intrinsic Motivation)'를 가진 사람들보다 운동을 꾸준히 지속할 확률이 훨씬 낮았습니다.[2] 운동이 즐거움이 아닌 일이 되는 순간, 우리의 마음은 그 일에 대한 '월급'으로 음식을 요구했던 것입니다.

저는 그날 이후, 제 사전에서 '운동'이라는 단어를 지워 버렸습니다. 대신 그 자리에 '기분 전환'이라는 말을 써넣었죠. 칼로리를 태우기 위해 움직이는 것이 아니라, 오직 지금 이 순간의 내 기분을 좋게 하기 위해 움직이는 것. 이 관점의 전환은 저의 모든 것을 바꾸어 놓았습니다.

헬스장 대신, 침대 위에서 아들과 깔깔거리며 레슬링을 했습니다. 러닝머신 위를 달리는 대신, 햇살 좋은 공원에서 아이와 술래잡기를 하며 숨이 턱 끝까지 차오르도록 뛰었습니다. 무거운 기구를 드는 대신, 유튜브에서 아이들이 좋아하는 '키즈 요가'를 틀어 놓고 함께 엉거주춤한 자세를 따라 하며 뭉친 어깨와 등을 풀었습니다.

이것은 더 이상 숙제가 아니었습니다. 지친 저를 위한 즐거운 놀이이자 가장 효과적인 감정 소화제였습니다. 그리고 신기하게도, 즐겁게 몸을 움직이고 난 날이면 밤의 '마음허기'는 거짓말처럼 저를 찾아오지 않았습니다.

이 작은 '기분 전환'의 시간들은 저의 기나긴 대장정의 시작점이었습니다. 처음 몇 달간은 그저 걷고 장난치고 스트레칭하는 것이 전부였습니다. 하지만 이 즐거운 움직임이 쌓이자, 제 몸과 마음에는 놀라운 '긍정 강화(Positive Reinforcement)'의 선순환이 일어나기 시작했습니다. 움직이고 나면 기분이 좋아지고(세로토닌 분비), 기분이 좋으니 또 움직이고 싶어지는 것이었죠.

몸이 가벼워지고 마음의 에너지가 채워지자, 제 안에서는 새로운 욕구가 싹텄습니다. '조금 더 체계적으로, 제대로 내 몸을 사용해 보고 싶다.'

저는 용기를 내어 헬스장 PT 선생님을 찾아갔고, 발레핏이라는 새로운 도전을 시작했습니다. 예전의 저였다면 상상도 못할 일이었죠. 하지만 이제 운동은 더 이상 '가기 싫은 곳'이 아니었습니다. 오히려 제 일상에서 가장 기다려지는 시간이 되었고, PT와 발레핏 수업을 중심으로 다른 약속을 잡는, 삶의 우선순위가 바뀌는 경지에 도달했습니다.

지금도 매일 운동을 하지는 않습니다. 하지만 운동을 하지 않는 날에도, 저의 '기분 전환'은 계속됩니다. 엘리베이터 대신 계단을 이용하고, 가까운 거리는 걸어가는 등 일상 속에서 끊임없이 몸을 움직이려 노력하죠. 이를 '비운동성 활동 열생성(Non-Exercise Activity Thermogenesis, NEAT)'이라고 합니다. 이 작은 움직임들이 모여 하루의 에너지 소비를 높이고, 몸의 활력을 유지해 줍니다.

나중에 깨달은 것이지만, 처음 헬스장에서 느꼈던 고통은 당연한 결과였습니다. 근육을 바르게 움직이는 법도 모른 채 무작정 무게만 높이려 하니 운동은 무서운 고통으로 다가왔고, 숨을 참으며 무리하게 힘을 쓰는 과정에서 자율신경계의 균형마저 무너졌던 것입니다. 하지만 호흡과 바른 자세를 익히고 나자, 비로소 운동 후 몸과 마음이 새롭게 태어나는 듯한 감각을 느낄 수 있었습니다. (자세와 운동에 대해서는 이전 저의 책 <내 몸 리셋>에 좀 더 자세히 설명되어 있습니다.)

이렇게 초심자였던 제가 지금의 모습에 이르기까지는 꽤 오랜 시간이 걸렸습니다. 그러니 조급해하지 마세요. 당신의 목표가 당장 PT를 등록하는 것이 될 필요는 없습니다. 모든 위대한 여정은 아주 작은 첫걸음에서 시작됩니다. 당신의 첫걸음은 오늘 저녁, 좋아하는 음악 한 곡을 틀고 거실에서 춤을 추는 것일 수도, 혹은 아파트 단지를 한 바퀴 산책하는 것일 수도 있습니다.

그 작은 '기분 전환'을 꾸준히 실천해 보세요. 그 즐거움이 쌓여 당신을 어디로 데려갈지는 아무도 모릅니다. 분명한 것은, 그 길의 끝에는 음식의 보상 없이도 스스로 충만한, 훨씬 더 단단하고 자유로운 당신이 서 있을 것이라는 점입니다.

스트레스가 쌓인 날, 20분의 마법

'기분 전환'이라는 새로운 관점 덕분에 저는 더 이상 몸을 억지로 움직이지 않게 되었습니다. 하지만 여전히 가장 큰 숙제가 남아 있었습니다. 바로 스트레스가 극에 달해, 아무것도 하고 싶지 않을 만큼 무기력하고 화가 나는 날이었습니다. 그런 날이면 즐거운 막춤도, 편안한 스트레칭도 모두 귀찮은 일처럼 느껴졌고, 결국 가장 손쉬운 위로인 음식을 찾아 헤매는 저를 발견하곤 했습니다.

'정말 아무것도 할 힘이 없는 날, 나를 구해 줄 최소한의 움직임은 없을까?'

그러던 어느 날 오후, 유독 힘든 진료를 마치고 머릿속이 터질 것 같은 스트레스에 시달리고 있었습니다. 당장이라도 배달 앱을 켜서 매운 음식을 주문하고 싶은 충동이 강하게 밀려왔죠. 바로 그때, 저는 마지막 지푸라기라도 잡는 심정으로 딱 한 가지만 해 보기로 했습니다. '헬스장도, 요가 매트도 필요 없다. 그냥 밖으로 나가서 딱 20분만 걷자.'

저는 아무런 기대 없이 병원 밖으로 나섰습니다. 햇볕을 받으며, 스마트폰은 주머니에 넣어둔 채, 그저 천천히 발걸음을 옮겼습니다. 처음 5분은 여전히 머리 속이 복잡했지만, 10분이 지나자 놀라운 변화가 일어났습니다. 세차게 뛰던 심장이 차분해지고, 꽉 막혔던 숨이 깊게 쉬어졌습니다. 20분 뒤 다시 병원으로 돌아왔을 때, 저를 집어삼킬 것 같았던 분노와 허기는 온데간데없이 사라져 있었습니다.

그것은 마법 같은 경험이었습니다. 그리고 의사로서 저는 그 마법의 정체를 알고 있었습니다.

첫째, 걷기는 우리 몸의 '감정 소화제' 역할을 합니다. 앞에서 이야기한 것처럼, 우리가 스트레스를 받으면 몸에서는 '싸우거나 도망쳐라.'라는 비상 신호(코르티솔, 아드레날린)가 울립니다. 이 신호들은 당장 필요한 에너지를 주지만, 사용되지 않고 몸에 남아 있으면 속이 더부룩한 것처럼 우리를 불편하게 만듭니다. 이때 걷기와 같은 가벼운 움직임은, 이 비상 신호 물질들이 제 역할을 다하고 깨끗하게 분해되도록 돕는 가장 효과적인 방법입니다. 한 연구에서도 20분만 걸으면 뇌의 불안 스위치가 꺼지는 효과가 있다고 확인되었습니다.[3] 결국 20분의 걷기는 제 몸에 꽉 막혀 있던 스트레스를 시원하게 날려 주는 최고의 소화제였던 셈입니다.

둘째, 걷기는 '자연이라는 천연 안정제' 효과를 가져다주었습니다. 실내가 아닌 밖으로 나갔기에 경험할 수 있는 특별한 효과였죠. 실제로 자연 속에서 시간을 보내는 것이 정신 건강에 좋다는 사실은 많은 연구를 통해 증명되었습니다.[4]

한 연구에서는 도시와 자연에서 각각 90분씩 산책하게 한 뒤 뇌의 변화를 살펴보았습니다. 놀랍게도 자연 속에서 산책한 사람들에게서만 우울한 생각과 관련된 뇌 부위(전전두피질)의 활동이 줄어들었습니다. 또한, 부정적인 생각을 되새김질하는 '반추' 습관도 감소했죠.[5] '반추'란 이미 끝난 걱정거리를 머릿속에서 계속 곱씹는 마음의 습관을 말합니다. 이렇게 같은 생각, 심지어 걱정이나 불안한 생각을 반복하는 것은 우리를 지치게 하고 밤의 불안을 키우는 가장 큰 원인이 됩니다. 결국 햇볕과 숲의 풍경은, 생각의 쳇바퀴 속에서 저를 꺼내 주었던 최고의 '리셋 버튼'이었던 셈입니다.

마지막으로 걷기는 '움직이는 명상'과 같았습니다. 걷기는 복잡한 생각 없이도 할 수 있는 가장 단순하고 규칙적인 움직임이죠. 그저 한 걸음 한 걸음 내딛는 동안, 우리의 마음은 자연스럽게 과거에 대한 후회나 미래에 대한 불안에서 벗어나 '지금, 여기'의 감각에 집중하게 됩니다. 이렇게 과열된 생각의 고리를 끊어 내고 마음을 잠시 쉬게 해 주는 것, 이것이 바로 걷기가 주는 놀라운 명상 효과입니다.

이러한 경험 이후, '20분 걷기'는 스트레스가 심한 날 저를 구원해 주는 가장 강력한 '응급처치 키트'가 되었습니다. 스트레스가 당신을 집어삼키려 할 때, 자신에게 딱 20분만 선물해 보세요. 이 작은 움직임이 당신의 감정을 소화시키고, 밤의 마음허기를 막아 주는 가장 위대한 마법이 될 것입니다.

공복 운동, 해야 할까 말아야 할까?

'저녁 멈춤'을 실천하고 움직임을 '기분 전환'으로 여기게 되자, 새로운 궁금증이 생겼습니다. 바로 많은 분들이 물어보시는 '공복 운동'에 대한 것이었죠. '이왕 공복을 유지하는 김에 운동까지 하면 효과가 더 좋지 않을까?' 의사로서 저는 공복 운동이 체지방 연소에 더 효과적일 수 있다는 이론을 알고 있었기에, 이것이 저의 밤을 더 완벽하게 만들어 줄 마지막 열쇠일지도 모른다고 생각했습니다.

저는 다시 한번 제 몸을 실험대 위에 올렸습니다. '첫 끼니'를 먹기 전인 아침 공복 상태에서, 평소보다 조금 더 강도 높은 운동을 시작해 보기로 한 것입니다.

결과는 제 예상과 정반대였습니다. 운동을 하는 내내 힘이 없고 어지러웠으며, 운동을 마친 뒤에는 극심한 허기가 몰려왔습니다. 결국 저의 '첫 끼니'는 평소보다 훨씬 더 많은 양의 음식을 허겁지겁 먹어 치우는 것으로 시작되었고, 그날은 하루 종일 고삐가 풀려 버린 망아지처럼 식욕이 날뛰었습니다. 밤의 평화를 위해 시작한 아침의 노력이,

오히려 밤의 폭식을 부르는 최악의 결과를 낳은 것입니다.

저는 그날의 실패를 복기하며 중요한 사실을 깨달았습니다. 공복 운동의 효과는 '누가, 어떤 상태에서 하느냐?'에 따라 완전히 달라진다는 것을요. 건강하고 잘 쉬는 상태에서 공복 운동은 지방을 태우는 효율을 높이는 '유익한 스트레스'가 될 수 있습니다. 한 메타 분석 연구에 따르면, 공복 상태에서 유산소 운동을 했을 때 지방 연소량이 더 높게 나타났습니다.[6] 하지만 저처럼, 그리고 이 책을 읽고 있는 많은 분들처럼 만성적인 스트레스와 피로에 시달리는 상태에서 아침 공복 상태의 고강도 운동은 '기름 없이 달리는 자동차의 엔진을 과열시키는 것'과 같습니다.

우리 몸은 이를 심각한 스트레스 상황으로 인식하고, 스트레스 호르몬인 코르티솔을 과도하게 분비합니다. 그리고 이 코르티솔은 아이러니하게도 식욕을 더욱 자극하고, 몸이 에너지를 지방으로 저장하려는 경향을 높입니다.[7] 밤의 평화를 위해 시작한 운동이, 오히려 우리 몸을 하루 종일 '불안과 저장 모드'로 만들어 버리는 셈이죠.

이 현상을 더 깊이 이해하기 위해, 저는 몸의 에너지 시스템인 '대사 유연성(Metabolic Flexibility)'에 주목했습니다. 대사 유연성이란, 우리 몸이 필요에 따라 자유자재로 포도당과 지방을 에너지원으로 사용하는 능력을 말합니다. 건강한 몸은 마치 하이브리드 자동차처럼 두 가지 연료를 효율적으로 사용하죠. 하지만 만성적인 스트레스와 수면 부족은 이 대사 유연성을 떨어뜨립니다. 한 연구에서는 단

하룻밤의 수면 부족만으로도 건강한 남성의 인슐린 민감성이 감소하고 대사 유연성이 손상될 수 있음을 보여 주었습니다.[8] 저의 몸은 이미 스트레스로 인해 대사 유연성이 떨어진 상태였고, 이런 몸에 공복 운동이라는 어려운 과제를 던져 주니 결국 스트레스 호르몬을 폭발시키는 결과를 낳았던 것입니다.

이 경험을 통해 저는 '공복 운동'에 대한 저만의 원칙을 세울 수 있었습니다.

'해야 할까, 말아야 할까?'가 아니라, '내 몸이 어떻게 느끼는가?'

만약 공복 상태에서 가볍게 움직였을 때(예: 아침 산책) 상쾌하고 기분이 좋아진다면, 그것은 당신에게 맞는 훌륭한 '기분 전환'입니다.

하지만 조금이라도 어지럽거나, 운동 후 극심한 허기가 몰려온다면, 그것은 당신의 몸이 보내는 명백한 '멈춤' 신호입니다.

우리의 목표는 단기간에 체지방을 불태우는 것이 아님을 기억해야 합니다. 우리의 목표는 스트레스를 줄이고, 내 몸의 소리에 귀 기울이며, 지속 가능한 평온한 밤을 만드는 것입니다. 내 몸을 고통스럽게 하는 그 어떤 것도 정답이 될 수 없습니다.

공복 운동에 대한 강박을 내려놓으세요. 당신의 몸이 가장 편안하고 행복하다고 느끼는 시간, 바로 그 시간이 당신에게 가장 완벽한 운동 시간입니다.

PART.5 :

[18장] 마지막 식사, 평온한 밤을 위한 마지막 준비

저녁 회복을 돕는 '프리로드' 간식의 기술

'방탄 점심'과 '영리한 커피 습관', 그리고 '기분 전환 움직임'까지. 저는 이제 밤의 평화를 위협하는 낮의 변수들을 거의 완벽하게 통제할 수 있게 되었다고 생각했습니다. 하지만 여전히 풀리지 않는 마지막 숙제가 있었습니다.

바로 점심과 저녁 사이의 너무 긴 공복 시간이었습니다. 유독 점심을 일찍 먹은 날이나, 저녁 약속이 늦게 잡힌 날이면 오후 4시쯤 어김없이 강력한 허기가 저를 덮쳤습니다. 이 허기를 참고 저녁 식탁에 앉으면 굶주린 맹수처럼 과식하기 일쑤였고, 결국 너무 부른 배 때문에 '3시간의 약속'을 지키지 못하고 잠드는 최악의 결과로 이어졌습니다.

'이 문제를 어떻게 해결해야 할까? 저녁을 망치지 않으면서 오후의 허기를 달랠 수 있는 현명한 방법은 없을까?'

이 현상은 사실 단순히 의지의 문제가 아니라, 혈당이 떨어지면서 우리 몸의 생존 스위치가 켜지는 지극히 당연한 생리적 반응입니다. 그때 제 머릿속에 영양학의 '프리로드(Pre-load)'라는 개념이 떠올랐습니다. 식사 전에 소량의 특정 음식을 미리 먹어 두면, 포만감을 높여 본 식사의 과식을 막아 준다는 이론이죠. 이것은 단순히 '간식을 먹는다.'라는 개념을 넘어, 저녁 식사와 밤의 평화를 위한 아주 전략적인 접근이었습니다.

저는 또다시 제 몸을 위한 실험에 돌입했습니다. '어떤 간식이 최고의 프리로드가 될 수 있을까?'

저의 첫 시도는 '건강 간식'의 대명사인 사과, 한 개였습니다. 하지만 결과는 처참한 실패였습니다. 의학적으로 그 이유는 명확했습니다. 빈속에 먹는 사과의 과당은 혈당을 빠르게 올렸다가, 인슐린의 작용으로 1시간 뒤 더 가파르게 혈당을 떨어뜨렸습니다. 결국 저녁에는 이전보다 더 강력한 허기와 짜증이 몰려왔죠. 저는 혈당 롤러코스터의 가장 위험한 구간에 스스로 올라탄 셈이었습니다.

이 실패는 저에게 아주 중요한 깨달음을 주었습니다. 오후 간식의 목표는 단순히 허기를 달래는 것이 아니라, '혈당을 안정시키는 것'이어야 한다는 사실을요. 한 연구에서는 건강한 성인들을 대상으로 오후에 고단백 요거트, 고지방 크래커, 초콜릿을 각각 간식으로 먹게 하고 저녁 식사량과 식욕에 미치는 영향을 비교했습니다. 결과는 어땠을까요? 고단백 요거트를 먹은 그룹은 다른 간식을 먹은 그룹에 비해 저녁 식사 전까지의 공복감이 가장 낮았고, 실제 저녁 식사에서도 100칼로리나 더 적게 섭취했습니다.[1] 단백질이 풍부한 간식이 혈당을 안정시키고 포만감 호르몬(GLP-1, PYY)을 효과적으로 자극하여, 저녁의 과식을 막아 준 것입니다.

몇 번의 시행착오 끝에, 저는 '방탄 점심'의 성공 공식이 여기에도 똑같이 적용된다는 것을 깨달았습니다. 최고의 프리로드 간식의 조건은 혈당을 급격히 올리지 않으면서, 마음에 가장 확실한 만족의 신호를 보내는 '단백질'과 '건강한 지방', 그리고 소화 속도를 늦춰줄 '섬유질'의 조합이었습니다.

이 조합의 힘은 또 다른 연구에서도 확인할 수 있습니다. 연구자들은 아몬드(단백질, 건강한 지방, 섬유질의 훌륭한 공급원)를 오후 간식으로 섭취하는 것이 식욕 조절에 미치는 영향을 살펴보았습니다. 그 결과, 아몬드를 간식으로 먹은 사람들은 그렇지 않은 사람들에 비해 공복감이 줄었을 뿐만 아니라, 다음 식사에서 탄수화물 섭취를 줄이려는 경향을 보였습니다.[2] 이는 전략적인 간식이 단순히 허기를 막는 것을 넘어, 다음 식사 선택까지 건강한 방향으로 이끌 수 있음을 보여 줍니다.

저는 오후 4시에서 5시 사이, 작은 그릭 요거트에 아몬드 몇 알을 넣어 먹기 시작했습니다. 이 작은 간식은 제 몸속에서 놀라운 연쇄 반응을 일으켰습니다.

생리학적으로는, 단백질과 지방이 포만감 호르몬 분비를 촉진해 마음에 '안심하라.'라는 신호를 보냈고, 혈당을 안정적으로 유지시켜 저녁까지 극심한 허기가 찾아오지 않도록 막아 주었습니다. 심리학적으로는, '나는 지금 저녁의 나를 위해 현명한 투자를 하고 있다.'라는 자기 효능감을 주어, 저녁 식탁 앞에서 저를 훨씬 더 차분하고 이성적인 사람으로 만들어 주었습니다.

더 이상 허겁지겁 과식하지 않게 되니, '3시간의 약속'을 지키는 것도 한결 수월하게 되었습니다. 오후의 작은 간식은 '금기'나 '죄책감'의 대상이 아닙니다. 오히려 우리 몸의 생리 시스템을 이해하고 활용하여 평온한 저녁 회복을 이끌어 내는, 가장 영리하고 과학적인 투자입니다.

[TIP] 저녁을 가볍게 만드는 '프리로드 간식' 리스트

언제 어디서든 우리의 저녁을 지켜 줄 든든한 친구들입니다.

 편의점에서 쉽게 구할 수 있어요

- **삶은 달걀(1~2개)**
  단백질의 왕. 가장 간단하고 확실한 선택지입니다.

- **무가당 그릭 요거트**
  꾸덕한 질감이 주는 만족감은 덤입니다.

- **무가당 두유 또는 저지방 우유**
  바쁠 때 가장 빠르게 단백질을 보충하는 방법입니다.

- **스트링 치즈**
  짭짤한 맛이 당길 때 건강한 대안이 될 수 있습니다.

📇 사무실 책상 서랍에 준비해 두세요

- **견과류 한 줌(아몬드, 호두 등)**
  건강한 지방과 단백질, 섬유질까지 모두 갖춘 완벽한 간식입니다. (약 20알 내외)
- **무설탕 견과류 바**
  꾸덕한 질감이 주는 만족감은 덤입니다.
- **방울토마토(10알 내외)**
  수분과 섬유질이 풍부해 상쾌한 포만감을 줍니다.

집에서 미리 준비하면 더 좋아요

- **작은 고구마(1개)**
  착한 탄수화물과 섬유질이 저녁까지 든든함을 유지해 줍니다.
- **두부 반 모 + 오리엔탈 드레싱**
  훌륭한 식물성 단백질 공급원입니다.
- **오이, 파프리카, 당근 스틱**
  아삭한 식감이 씹고 싶은 욕구를 건강하게 해소해 줍니다.

마지막 식사의 세 가지 원칙

'프리로드' 간식 덕분에 저는 더 이상 굶주린 맹수처럼 저녁 식탁에 달려들지 않게 되었습니다. 하지만 저의 실험은 거기서 끝나지 않았습니다. 똑같이 건강한 메뉴로, 비슷한 양을 먹었는데도 어떤 날은 식사 후 깊은 만족감과 함께 편안하게 '저녁 회복'에 돌입하는 반면,

어떤 날은 미묘한 허전함이 남아 결국 밤늦게 물을 마시러 부엌을 어슬렁거리게 되었습니다.

'이 마지막 디테일의 차이는 어디에서 오는 걸까?'

저는 제 식사 일지를 다시 한번 꼼꼼히 들여다보았습니다. 그리고 그 차이가 음식의 종류가 아닌, 음식의 '상태'와 '온도'에 있다는 것을 발견했습니다.

유독 허전함이 남았던 날, 저는 바쁘다는 핑계로 차가운 샐러드나 남은 반찬으로 저녁을 해결했습니다. 그리고 스트레스를 풀고 싶다는 생각에 음식을 조금 짜게 먹는 경향이 있었죠. 반면, 만족감이 높았던 날의 식사는 예외 없이 따뜻한 국이나 찌개, 갓 지은 밥처럼 온기가 있는 음식이었습니다.

그 순간, 저는 너무나 당연하게 알고 있던 사실을 또 한 번 제 삶에 적용하지 못했다는 것을 깨달았습니다. 바로 우리의 소화기관 역시 밤이 되면 '휴식 모드'에 들어갈 준비를 한다는 사실입니다. 밤이 되면 우리의 몸은 활동 모드에서 휴식 모드로 전환되는데, 이때 위장의 움직임은 느려지고 소화액 분비도 줄어듭니다. 이런 상태에서 차갑고 자극적인 음식은 이미 퇴근 준비를 하는 소화기관에 과도한 업무를 안겨 주는 셈이었죠.

저는 드디어 이제 '마지막 식사의 세 가지 원칙'을 완성했습니다.

원칙 1: 따뜻하게 먹기

저녁 식탁에 차가운 샐러드나 샌드위치 대신, 따뜻한 국이나 찜, 구이를 올려 보세요. 이는 단순히 기분의 문제가 아닙니다. 우리 몸은 차가운 음식이 들어오면 소화를 위해 체온과 비슷한 온도로 데우는 데 추가적인 에너지를 사용해야 합니다. 이미 휴식을 준비하는 소화 기관에 불필요한 노동을 더하는 셈이죠. 반면, 따뜻한 음식은 소화 효소가 가장 활발하게 작용할 수 있는 최적의 온도를 만들어 소화 부담을 덜어 줍니다. 동시에, 따뜻한 온기는 우리의 마음을 안정시키는 '휴식 스위치'를 켜서 몸과 마음을 이완시키고, 심리적으로 깊은 안정감과 만족감을 선사합니다.

이 '온기'의 힘이 얼마나 강력한지 보여 주는 흥미로운 연구가 있습니다. 연구자들은 참가자들에게 똑같은 닭고기 수프를 제공하되, 한 그룹은 따뜻하게 다른 그룹은 차갑게 식혀서 제공했습니다. 그리고 식사 후 포만감과 기분 변화를 측정했죠. 결과는 놀라웠습니다. 따뜻한 수프를 먹은 그룹은 차가운 수프를 먹은 그룹에 비해 훨씬 더 큰 포만감과 만족감을 느꼈고, 그 효과는 더 오래 지속되었습니다.[3] 따뜻한 온도는 단순히 위의 부담을 덜어 주는 것을 넘어, 마음에 '나는 지금 안전하고 돌봄받고 있다.'라는 강력한 신호를 보냄으로써 만족감을 극대화했던 것입니다.

원칙 2: 짜지 않게 먹기

저녁 식사를 짜게 먹으면, 우리 몸은 혈액의 염분 농도를 맞추기 위해 세포에서 수분을 끌어오는 현상을 겪게 됩니다. 이는 우리 마음에 '물이 부족하다.'라는 강력한 신호를 보내 밤새 갈증을 유발하고, 잦은 소변으로 이어져 수면의 질을 떨어뜨립니다. 또한 과도한 나트륨은 수분을 몸에 정체시켜 다음 날 아침, 어김없이 퉁퉁 부은 얼굴과 마주하게 만들죠.

최근 한 연구에서는 저녁 식사의 영양 구성이 수면에 직접적인 영향을 미친다는 사실이 밝혀졌습니다. 특히 나트륨 섭취가 많을수록 수면 시간이 짧고 수면이 자주 중단될 가능성이 높았습니다.[4] 저녁만큼은 의식적으로 소금과 자극적인 양념을 줄여 보세요. 이는 우리의 신장과 혈관이 밤새 편안하게 쉬고, 깊은 잠을 통해 온전히 회복할 수 있도록 배려하는 가장 중요한 과정입니다.

원칙 3: 충분히 씹어서 먹기

우리가 7장에서 만났던 '20분의 마법'을 마지막 식사에서 다시 한번 상기시켜 주세요. 천천히 씹는 행위는 단순히 음식을 잘게 부수는 물리적인 과정을 넘어섭니다. 침 속에 있는 소화 효소가 탄수화물을 분해하는 첫 번째 화학적 소화 과정이 바로 입안에서 시작됩니다. 또한, 씹는 행위 자체가 마음의 포만 중추를 자극하고, 포만감 호르몬이 분비되어 혈액을 타고 마음까지 도달하는 약 20분의 시간을 벌어

줍니다. 급하게 먹는 습관은 마음이 배부름을 인지하기도 전에 과식을 유발하는 가장 큰 원인입니다.

이 세 가지 원칙은 단순히 음식을 먹는 기술이 아닙니다. 이것은 하루 종일 고생한 내 몸과 마음의 시스템을 이해하고 존중하며 "오늘 하루도 정말 수고했어."라고 말해 주는 가장 다정하고 과학적인 의식입니다.

[TIP] 평온한 저녁을 위한 마지막 식사 원칙 요약
- 따뜻하게: 소화기관의 부담을 줄이고 심리적 안정감을 높여 줍니다.
- 짜지 않게: 밤중 갈증과 아침 부기를 막아 수면의 질을 지켜 줍니다.
- 천천히: 마음에 충분한 포만감 신호를 보내 과식을 막고 만족감을 높여 줍니다.

'식사 종료'를 알리는 나만의 리추얼

'마지막 식사의 세 가지 원칙'까지 지키고 나자, 저는 저녁 식사 자체는 완벽해졌다고 생각했습니다. 하지만 마지막 숟가락을 놓은 뒤에도 어슬렁거리며 이어지던 '입 심심함'의 고리를 끊어 내기란 쉽지 않았습니다. 분명히 배가 부른 데도, 마음은 여전히 식사의 여운에서 벗어나지 못하고 무언가를 더 원했습니다. 과일 한 조각, 작은 과자 하나가 아른거렸죠.

저는 이 현상이 단순한 식탐이 아니라, '마침표 없는 문장'과 같다는 것을 깨달았습니다. 식사가 끝났다는 명확한 마침표를 찍어주지 않으니, 저의 마음은 계속해서 다음 단어를 기다리고 있었던 것입니다.

행동 심리학에서는 이를 '습관의 고리(Habit Loop)'라고 설명합니다. 우리의 습관은 '신호(Cue) → 반복 행동(Routine) → 보상(Reward)'이라는 강력한 고리로 이루어져 있습니다.[5] 저에게는 '저녁 식사(신호) → 식사하기(반복 행동) → 배부름(보상)'이라는 고리가 있었는데, 식사가 끝난 뒤에도 이 고리를 명확하게 끊어 주는 '종료 신호'가 없었던 것입니다. 그러니 제 마음은 계속해서 다음 보상(디저트, 간식)을 찾아 헤맸던 셈이죠.

저는 제 마음에 "오늘의 식사는 정말로 끝났어. 이제부터는 회복의 시간이야."라고 알려 줄 가장 확실한 마침표, 즉 '식사 종료 리추얼'을 만들어야 했습니다.

몇 번의 시행착오 끝에, 저는 가장 강력하고도 간단한 두 단계의 의식을 발견했습니다.

1단계: 상쾌한 양치질로 감각의 문을 닫는다.

저녁 식사를 마치고 설거지를 끝낸 뒤, 저는 곧바로 욕실로 향해 상쾌한 민트 향 치약으로 양치질을 했습니다. 이것은 여러 가지 강력한 효과를 동시에 가져왔습니다.

첫째, '감각 특이적 포만감(Sensory-specific satiety)'을 활용하는 것입니다. 우리 마음은 같은 맛에 계속 노출되면 그 맛에 대한 즐거움이 줄어들고 다른 맛을 찾게 됩니다.[6] 강렬하고 상쾌한 민트 향은 이전 식사의 맛을 완전히 지워 버리고, 다른 음식에 대한 욕구를 현저히 감소시키는 강력한 '감각 리셋' 버튼이었습니다. 둘째, '양치질 = 하루의 끝, 잠잘 준비'라는 수십 년간 학습된 강력한 신호는 제 마음에 식사 시간이 완전히 끝났음을 선언하는 효과적인 마침표가 되었습니다.

2단계: 향긋한 허브티로 회복의 문을 연다.

양치질 후, 저는 제가 가장 좋아하는 머그컵에 따뜻한 무카페인 허브티를 우려 소파에 앉았습니다. 이 행위는 낡은 습관(군것질)을 새로운 습관(티타임)으로 대체하는 가장 평화로운 방법이었습니다.

이 작은 리추얼의 힘은 생각보다 강력합니다. 한 연구에 따르면, 스트레스 상황에서 의미 있는 의식을 수행한 사람들은 그렇지 않은 사람들보다 불안감이 낮아지고 상황에 대한 통제감을 더 크게 느꼈습니다.[7] 저에게 이 티타임은 단순히 음료를 마시는 행위를 넘어, 하루를 차분하게 정리하고 '세로토닌의 밤'으로 안전하게 넘어가는 다리가 되어 주었습니다. 따뜻한 차는 소화를 돕고 부교감신경을 활성화시켜 몸을 이완 상태로 이끌었고, '입의 심심함'을 건강하게 충족시켜 주었습니다.

이 두 가지가 하나의 리추얼로 자리 잡자, 더 이상 식사 후의 허전함으로 방황하지 않게 되었습니다.

5부를 마무리하며: 당신은 낮의 주인이 되었습니다

5부의 여정은 당신의 밤을 지키는 가장 강력한 무기가 됩니다. 우리는 더 이상 밤을 기다리며 수비만 하는 소극적인 전사가 아닙니다. 이제 우리는 낮 동안 먼저 승리의 깃발을 꽂는 영리한 전략가가 되었습니다.

당신은 이제 '방탄 점심'으로 오후의 허기를 막아 내고, '영리한 커피 습관'으로 불안 대신 활력을 얻는 법을 압니다. '움직임'이라는 최고의 감정 소화제를 손에 쥐었고, 저녁의 과식을 막아 주는 '프리로드 간식'이라는 비밀 병기까지 갖추었습니다. 아침의 첫 끼니부터 저녁의 마지막 한 숟갈까지, 당신의 낮은 이제 밤의 평화를 위해 완벽하게 작동하고 있습니다.

몸과 마음, 잠, 그리고 낮까지, 평온한 밤을 위한 거의 모든 퍼즐 조각을 맞추었습니다.

하지만 이 모든 조각들을 어떻게 '나'라는 단 하나의 그림으로 완성할 수 있을까요?

이 책에서 배운 수많은 도구들을, 예측 불가능하고 때로는 버거운 일상 속에서 어떻게 지혜롭게 사용해야 할까요? 때로는 모든 것을 내려놓고 잠시 멈춰야 할 때는 언제일까요?

우리의 마지막 여정은 바로 그 질문에 대한 답을 찾는 과정입니다.

6부에서는 드디어 당신이 당신 몸의 가장 뛰어난 전문가가 되어, 세상에 단 하나뿐인 '나만의 저녁 리추얼'을 완성하게 됩니다.

우리는 때로는 멈춰야 할 때를 아는 지혜를 배우고, 나에게 맞는 속도를 찾아낼 것입니다. 이 책의 모든 규칙으로부터 자유로워져, 당신 스스로 당신 삶의 모든 변수를 지휘하는 진정한 주인이 되는 시간입니다.

모든 준비는 끝났습니다. 이제 당신만의 위대한 작품을 완성할 시간입니다.

90

PART 6

최종단계

나만의 몸맘케어 지도 그리기

떡볶이 먹는 의사

떡볶이
먹는
의사

19장 | 지도 그리기 제1원칙 – 멈춤의 지혜

내 몸과 마음이 보내는 위험 신호들

이 책을 통해 저의 성공적인 여정을 공유하면서, 저는 한동안 큰 기쁨과 보람에 빠져 있었습니다. 제가 그랬듯, 많은 분들이 이 방법들을 통해 밤의 평화를 되찾을 수 있을 거라는 희망이 있습니다. 실제로 만성 피로, 다이어트, 그리고 체력 증진을 원하는 많은 분들에게 도움이 되는 것도 보았습니다.

하지만 어느 날, 진료실에서 한 환자분과 상담하던 중 저는 정신이 번쩍 드는 경험을 했습니다. 저의 방법을 따르던 그분은 야식을 줄이는 데는 성공했지만, 점점 공복 시간을 늘리고 싶어했고 그 과정에서 오히려 음식에 대한 완벽주의가 커지면서 어려움을 겪고 있었습니다. 그 이야기를 듣는 순간, 저는 의사로서 가장 중요한 원칙을 잠시 잊고 있었다는 사실을 깨달았습니다. 바로 '모두에게 좋은 방법은 없다(One size does not fit all).'라는 것이었습니다.

제가 이 책에서 소개한 모든 방법들은 저와 많은 분들에게 효과가 있었지만, 이것이 모든 사람에게 모든 상황에서 안전하고 유익한 것은 아닙니다. 우리의 몸과 마음은 저마다 다른 역사와 고유한 시스템을 가지고 있기 때문입니다.

그래서 이 마지막 장에서는, 우리가 이 여정을 계속하기 전에 반드시 알아야 할 '멈춤 신호'에 대해 이야기하려고 합니다. 다음의 위험 신호들이 나타난다면, 그것은 당신의 몸과 마음이 "이 방법은 나와 맞지 않아!"라고 보내는 간절한 외침입니다. 이때는 잠시 책을 덮고, 반드시 전문가와 상담해야 합니다.

몸이 보내는 위험 신호들

어지럼증과 저혈당 증상 '저녁 멈춤' 중 손이 떨리거나 식은땀이 나고 극심한 어지럼증을 느낀다면, 이는 혈당 조절에 문제가 있다는 신호일 수 있습니다. 특히 당뇨병을 앓고 있거나 관련 약을 복용 중이라면 절대 임의로 공복 시간을 늘려서는 안 됩니다.

생리 불순 및 무월경 여성의 몸은 급격한 식사량 변화나 에너지 부족에 아주 민감하게 반응합니다. '저녁 회복'을 시작한 뒤 생리 주기가 불규칙해지거나 멈추었다면, 이는 우리 몸이 생존을 위해 생식 기능을 끄고 있다는 심각한 경고입니다.

급격한 탈모와 체력 저하 머리카락이 눈에 띄게 빠지거나, 일상생활이 어려울 정도로 기운이 없다면 이는 우리 몸이 심각한 영양 불균형 상태에 빠졌다는 신호입니다.

이 신호들은 결코 가볍게 여겨서는 안 됩니다. 우리 몸의 스트레스 조절 시스템인 시상하부-뇌하수체-부신 축(HPA axis)은 과도한 공복이나 영양 부족을 심각한 스트레스로 인식합니다. 이 스트레스가 지속되면 생존과 직접적인 관련이 없는 기능부터 끄기 시작하는데, 그 첫 번째 대상이 바로 생식 기능을 담당하는 시상하부-뇌하수체-성선 축(HPG axis)입니다.[1] 또 한 연구에서는 젊은 여성 운동선수들을 대상으로 에너지 섭취를 제한했을 때, 단 며칠 만에 생식 호르몬의 분비가 눈에 띄게 감소하는 것을 관찰했습니다.[2] 이는 우리 몸이 생존의 위협 앞에서 얼마나 빠르고 단호하게 비상 버튼을 누르는지 보여줍니다.

마음이 보내는 위험 신호들

음식에 대한 강박과 폭식 충동 '저녁 멈춤'이 야식에 대한 생각을 줄여 주는 것이 아니라, 오히려 낮 시간 동안 음식에 대한 생각에 집착하게 만들고 통제할 수 없는 폭식 충동을 유발한다면 즉시 중단해야 합니다. 이는 섭식장애의 위험 신호일 수 있습니다.

우울감 및 불안감의 악화 이 책의 목표는 마음의 평화를 찾는 것입니다. 하지만 이 방법들을 실천하면서 오히려 기분이 더 가라앉고 불안감이 심해지며 사회적으로 고립되는 느낌이 든다면, 이는 당신의 마음이 다른 종류의 돌봄을 필요로 한다는 신호입니다.

음식에 대한 강박은 심리학에서 말하는 '인지적 통제의 역설(paradox of cognitive control)'로 설명할 수 있습니다. 의식적으로 특정 음식을 먹지 않으려고 노력할수록, 우리 마음은 오히려 그 음식에 더 집착하게 됩니다.[3] 이는 마치 '코끼리를 생각하지 마세요.'라고 말하면 코끼리가 더 선명하게 떠오르는 것과 같은 이치입니다. 건강한 식습관은 음식을 통제하는 것이 아니라, 음식으로부터 자유로워지는 것입니다. 만약 이 책의 방법들이 당신을 음식의 감옥에 가두고 있다면, 그것은 당신을 위한 길이 아닙니다.

이 책은 우리를 옥죄는 규칙이 아니라, 당신을 자유롭게 하는 도구가 되어야 합니다. 당신의 몸과 마음이 보내는 소리에 귀 기울여 주세요. 그리고 잠시 멈춰야 할 때, 과감히 멈출 수 있는 용기. 그것이야말로 진정으로 나를 안아 주는 가장 성숙한 방법입니다.

모두에게 좋은 방법은 없습니다(나와 맞지 않는 옷)

진료실에서 그 환자분을 만난 이후, 저는 제가 이 책을 통해 전달하고 싶었던 가장 중요한 메시지를 다시 한번 되새기게 되었습니다. 그것은 바로 이 책에 담긴 방법들이 '정답'이 아니라, 당신만의 정답을 찾아가는 여정을 돕는 하나의 '지도'라는 사실입니다.

의사로서 저는 '생화학적 개체성(Biochemical Individuality)'이라는 개념을 늘 마음에 새깁니다. 이름은 조금 어렵지만 내용은 간단합니다. 사람들은 각자 지문처럼 고유한 생화학적 시스템을 가지고 있다는 뜻입니다. 똑같은 음식을 먹어도 누구는 에너지를 얻고, 누구는 알레르기 반응을 일으키는 것처럼 말이죠. 저는 이 어려운 용어 대신, '나에게 맞는 옷'이라는 비유를 더 좋아합니다. 저에게 '저녁 회복'이라는 옷이 완벽하게 잘 맞았다고 해서, 그 옷이 모든 사람에게 편안하리라는 보장은 없습니다. 누군가에게는 소매가 너무 길 수도, 또 다른 누군가에게는 어깨가 너무 낄 수도 있는 것이죠. 다음과 같은 분들이 왜 더 조심해야 하는지 명확하게 설명해 줍니다.

임신 중이거나 수유 중인 분들 이 시기의 당신 몸은 혼자만의 것이 아닙니다. 태아와 아기에게 충분한 영양을 공급하는 것이 최우선 과제입니다. 임의로 식사 시간을 제한하는 것은 엄마와 아기 모두에게 위험할 수 있습니다.

섭식장애를 겪었거나, 그 경계에 있다고 느끼는 분들 음식에 대한 규칙을 만드는 행위 자체가 또 다른 강박과 집착의 방아쇠가 될 수 있습니다. '저녁 멈춤'이 건강한 회복이 아니라 또 다른 형태의 통제와 처벌처럼 느껴진다면 즉시 중단해야 합니다. 당신에게는 규칙이 아니라, 음식과의 화해가 먼저 필요합니다.

당뇨, 갑상선 질환 등 기저 질환이 있는 분들 특정 질환을 앓고 있거나 관련 약물을 복용 중인 경우, 식사 시간과 패턴의 변화는 당신의 몸에 예상치 못한 영향을 줄 수 있습니다. 반드시 주치의와 먼저 상의하여 가장 안전한 길을 찾아야 합니다.

마지막으로 저체중인 분들은 충분한 에너지 공급이 무엇보다 중요합니다. '저녁 멈춤'이라는 규칙보다, 우리가 앞에서 배운 '따뜻한 식사'를 통해 몸을 보살피고 편안하게 해 주는 것에 더 집중해 주세요.

이 책의 제목이 '야식을 이기는 밤'이 아니라 '야식 대신 나를 안아주는 밤'인 이유를 기억해 주세요. 나를 안아 준다는 것은, 때로는 이 책의 내용과 다른 길을 선택하는 용기를 의미하기도 합니다. 내 몸이 보내는 소리에 귀 기울여 '이건 나와 맞지 않아.'라고 인정하고, 나에게 맞는 다른 방법을 찾아 나서는 것. 그것이야말로 이 책이 말하고자 하는 가장 궁극적인 자기 돌봄이자 사랑입니다.

잠시 멈춤이 필요할 때, 3일 회복 프로토콜

이 책을 따라오며 모든 것을 잘 해내고 싶었지만, 앞의 내용처럼 '위험 신호'를 발견하거나 '나와 맞지 않는 옷'이라는 생각에 좌절하는 분이 있을지 모르겠습니다. '결국 나는 안 되는구나' 하는 생각에 모든 것을 포기하고 싶은 마음이 들지도 모릅니다.

저 역시 그랬습니다. 의사로서 모든 원리를 알고 있었음에도 제 몸과 마음이 따라 주지 않아서, 모든 것을 완벽하게 통제하려다가 오히려 더 큰 혼란에 빠졌던 날들이 있었습니다. 바로 그때, 저는 모든 것을 내려놓는 '전략적 멈춤'이 필요하다는 것을 깨달았습니다.

이것은 포기가 아니라, 재정비를 위한 가장 현명한 후퇴입니다. 저는 이것을 '72시간 회복 프로토콜'이라고 부릅니다. '저녁 멈춤', '탄단지 조합' 등 이 책에서 배운 모든 복잡한 규칙은 잠시 잊고, 오직 우리 몸의 생존과 회복을 위한 근본적 요소들에만 집중하는 시간입니다.

이 72시간이 왜 중요할까요? 우리 몸의 스트레스 조절 시스템(HPA axis)이 무너지면, 제자리로 되돌아오는 데 시간이 필요하기 때문입니다. 한 연구에서는 단 며칠간의 수면 부족과 스트레스만으로도 우리 몸의 염증 수치가 올라가고 인슐린 저항성이 나빠지는 등 대사 시스템에 혼란이 발생한다는 것을 보여 주었습니다.[4] 72시간은 이 급한 불을 끄고, 우리 몸의 기본 설정값을 되돌리는 최소한의 시간입니다. 마치 작심삼일처럼요.

3일 회복 프로토콜: 상세 가이드

수면: 빚은 갚되, 리듬은 지키기

이 72시간의 최우선 목표는 '수면 빚'을 갚는 것입니다. 하지만 무작정 많이 자는 것은 오히려 생체 리듬을 망가뜨릴 수 있습니다. 핵심은 '밤잠을 충분히, 낮잠은 짧게'입니다.

- ☐ **밤잠**
  최소 7~8시간의 수면을 확보하는 것을 목표로 하되, 평소 기상 시간에서 1~2시간 이상 벗어나지 않도록 노력해 보세요. 이는 생체 시계의 혼란을 최소화합니다.

- ☐ **낮잠**
  오후에 피곤함이 몰려온다면, 20~30분 이내의 짧은 낮잠으로 에너지를 보충하세요. 긴 낮잠은 밤잠을 방해합니다.

식사: 규칙적으로, 그리고 부드럽게

무엇을 먹을지에 대한 고민은 내려놓고, 오직 '규칙적인 세 끼'와 '소화가 편한 음식'에만 집중합니다. 이는 혈당을 안정시키고, 소화기관에 휴식을 주며, 몸에 '이제 비상사태는 끝났다.'라는 안정의 신호를 보내 줍니다.

규칙적인 식사의 힘은 생각보다 강력합니다. 한 연구에서는 아침 식사를 거르는 것만으로도 우리 몸의 지방 연소 능력을 조절하는 유전자의 활동이 방해되고, 점심 식사 후 혈당을 더 크게 치솟게 만든다는 것을 보여 주었습니다.[6] 규칙적인 식사는 하루 종일 요동칠 수 있는 혈당과 감정의 롤러코스터를 막아 주는 가장 든든한 안전벨트입니다.

- **아침:** 따뜻한 오트밀에 바나나 반 개, 혹은 삶은 달걀 2개
- **낮잠:** 닭가슴살이나 두부를 곁들인 샐러드와 현미밥 반 공기
- **저녁:** 연어구이와 찐 채소, 혹은 채소를 듬뿍 넣은 맑은 수프
- **간식:** (필요하다면): 식사 사이에 허기가 느껴진다면 견과류 한 줌이나 무가당 요거트

수분: 순수한 물로 채우기

두 번째 목표는 오직 '충분한 물 마시기'입니다. 의식적으로 커피나 차, 음료수가 아니라 순수한 물을 마시며 몸의 신진대사를 돕고 노폐물을 씻어 내세요. 탈수는 우리 뇌가 '가짜 허기'를 느끼게 하는 가장 큰 원인입니다.

움직임: 운동이 아닌 산책

이 기간 동안 땀 흘리는 운동에 대한 압박감은 완전히 내려놓으세요. 대신, 하루에 한 번, 15~20분 정도 햇볕을 받으며 가볍게 걷는 시간을 갖습니다.

햇볕은 흐트러진 생체 시계를 리셋하는 가장 강력한 스위치이며,

걷기와 같은 가벼운 움직임은 스트레스 호르몬 수치를 낮추고 기분을 좋게 하는 세로토닌 분비를 돕습니다. 한 연구에서는 단 20분의 걷기만으로도 뇌의 스트레스 반응을 조절하는 신경 회로가 활성화되어 불안감이 감소하는 것을 발견했습니다.[6]

자극 차단: 몸에게 완전한 휴식을

회복의 효율을 높이기 위해, 우리 몸의 신경계를 교란하는 외부 자극들을 최소화해야 합니다.

- **술과 담배**

  당연히 금물입니다. 이들은 우리 몸의 회복 시스템을 마비시키는 가장 큰 적입니다.

- **카페인**

  커피나 녹차 등 카페인이 든 음료는 잠시 멈추고, 대신 따뜻한 허브티를 즐겨 보세요.

이 72시간은 야식과의 싸움을 멈추고, 오롯이 내 몸의 가장 기본적인 소리에만 귀 기울이는 시간입니다. 이 평온한 멈춤의 시간이 당신에게 다시 나아갈 힘을 주거나, 혹은 전문가의 도움이 필요하다는 명확한 신호를 보여 줄 것입니다. 그리고 그 어떤 결론이든, 그것이야말로 진정으로 나를 안아 주는 밤의 시작입니다.

20장 | 지도 그리기 제2원칙 – 균형의 기술

공복이 불안과 우울을 부를 때

모든 것이 제자리를 찾았다고 믿었습니다. 밤의 허기를 다스리는 법을 배웠고, 낮의 습관을 재설계했으며, 수면의 리듬까지 되찾았으니까요. 저는 드디어 야식과의 오랜 전쟁에서 승리했다고 생각했습니다.

하지만 제 마음속에서는 이전에 경험해 보지 못했던 새로운 종류의 파도가 일렁이기 시작했습니다. '저녁 멈춤'의 공복 시간이 길어지는 날이면, 이유를 알 수 없는 미묘한 불안감과 우울감이 찾아왔습니다. 예전처럼 음식이 미치도록 당기는 '마음허기'와 달리 훨씬 더 낮은 곳에서 깊게 깔리는 불편한 감정이었습니다.

의사로서 저는 이 현상을 이해할 수 없었습니다. 간헐적 단식이 우리 몸의 염증을 줄이고, 세포를 깨끗하게 청소하며(세포자정작용), 뇌 기능까지 향상시킨다는 수많은 연구 결과를 알고 있었기 때문입니다. '몸이 건강해지고 있는데, 왜 내 마음은 반대로 가는 걸까?' 몸과 마음이 서로 다른 이야기를 하는 듯한 혼란 속에서, 이 현상의 근본적인 원인을 파고들기 시작했습니다.

그리고 그 해답을 우리 몸의 '스트레스 반응 시스템'과 '장–뇌 축(Gut–

Brain Axis)'의 복잡한 상호작용 속에서 찾을 수 있었습니다.

'저녁 멈춤', 즉 단식은 우리 몸에 유익한 '스트레스(eustress)'를 주는 행위입니다. 마치 근력 운동이 근육에 미세한 손상을 주어 더 강하게 만드는 것처럼, 적절한 공복은 우리 몸의 회복 시스템을 깨워 더 건강하게 만들죠.

하지만 문제는, 우리 몸이 이미 다른 종류의 스트레스로 가득 차 있을 때입니다.

만성적인 업무 스트레스, 수면 부족, 감정적인 소모. 이런 것들로 인해 우리 몸의 스트레스 조절 시스템이 이미 한계에 다다랐을 때, '저녁 멈춤'이라는 또 다른 스트레스가 더해지면 어떻게 될까요? 우리 몸은 이를 더 이상 '유익한 스트레스'로 받아들이지 못하고, '생존을 위협하는 위험 신호'로 인식하기 시작합니다. 이때 우리 몸에서는 스트레스 호르몬인 코르티솔이 과도하게 분비됩니다. 이 코르티솔은 혈당을 불안정하게 만들고 교감신경을 항진시켜, 우리를 불안하고 우울하고 예민하게 만듭니다.[1]

이 현상을 명확하게 보여 주는 아주 흥미로운 연구가 있습니다. 연구자들은 건강한 성인들을 대상으로 며칠간 칼로리 섭취를 제한하는 단식을 진행하며 그들의 기분 변화와 스트레스 호르몬 수치를 측정했습니다. 결과는 어땠을까요? 단식 기간 동안 참가자들의 코르티솔 수치는 눈에 띄게 증가했고, 스스로 보고하는 짜증과 감정 기복 또한 심해졌습니다.[2] 이 연구는 저에게 중요한 사실을 알려 주었습니다.

이미 스트레스라는 물이 가득 차 있는 컵에 공복이라는 물을 더 부으면 결국 넘쳐 버리는 결과를 낳을 수밖에 없다는 것을요.

더 나아가, 이 스트레스는 우리 몸속 또 다른 우주인 '장'에도 직접적인 영향을 미칩니다. 스트레스는 장내 미생물 환경의 균형을 깨뜨리고, 이는 장에서 뇌로 보내는 신호 체계를 교란시킵니다. 최근 연구에서는 장내 미생물총의 불균형이 불안 및 우울 증상과 직접적인 관련이 있음을 보여 주었습니다.[3] 즉, 과도한 공복이 유발한 스트레스가 장을 통해 다시 우리 마음에 불안과 우울의 신호를 보내는 악순환이 만들어질 수 있었던 것입니다.

그제야 저는 깨달았습니다. '저녁 멈춤'은 만병통치약이 아니라, 아주 섬세한 조율이 필요한 '도구'라는 것을요.

공복이 우리에게 평온함이 아닌 불안과 우울을 가져다준다면, 그것은 우리의 의지가 약해서가 아닙니다. 당신의 몸이 지금 너무 많은 짐을 지고 있어, "지금은 쉴 때야!"라고 보내는 가장 정직한 신호입니다. 이 신호를 알아차리는 것. 그것이야말로 진정한 균형을 찾아가는 가장 중요한 첫걸음입니다.

나의 스트레스 신호등(초록불, 노란불, 빨간불)

'저녁 멈춤'이 때로는 내 몸에 과도한 스트레스가 될 수 있다는 사실을 깨닫고 나자, 저는 깊은 딜레마에 빠졌습니다. 야식의 굴레에서 저를 구해 준 가장 강력한 도구가, 이제는 마음을 위협하는 칼날이

될 수도 있다니. '그렇다면 나는 이제 어떻게 해야 할까? 이 좋은 도구를 버려야만 하는 걸까?'

저는 그동안 '규칙'이라는 틀에 자신을 너무 엄격하게 가두고 있었다는 것을 깨달았습니다. 12시간, 14시간이라는 숫자에 집착하느라, 매일매일 달라지는 제 몸과 마음의 소리를 귀담아듣지 못했던 것입니다.

이 딜레마의 해답은 우리 몸의 스트레스 관리 시스템인 '알로스타시스(Allostasis)'와 '알로스타틱 부하(Allostatic Load)'라는 개념 속에 있었습니다.[4] '알로스타시스'는 우리 몸이 스트레스에 맞춰 안정 상태를 유지하려는 자연스러운 적응 과정입니다. 하지만 만성적인 스트레스로 인해 이 시스템이 과부하에 걸리면, 우리 몸에는 '알로스타틱 부하', 즉 '마모되고 손상되는 비용'이 쌓이게 됩니다. '저녁 멈춤'은 알로스타틱 부하가 낮은 몸에는 건강한 자극이 되지만, 이미 부하가 높은 몸에는 시스템을 망가뜨리는 마지막 방아쇠가 될 수 있었던 것입니다.

그날 이후, 저는 '모 아니면 도'라는 흑백논리에서 벗어나, 제 몸의 상태에 따라 유연하게 대처하는 새로운 실험을 시작했습니다. 저는 이것을 '나만의 스트레스 신호등'이라고 부릅니다. 매일 저녁, '몇 시간 공복을 해야지?'라고 묻기 전에, 먼저 오늘 하루 나의 스트레스 상태가 어떤 색깔의 신호등인지 스스로에게 물어보는 것이죠.

이 신호등의 상태를 가늠하는 데 도움이 되는 객관적인 지표가 바로 '심박 변이도(Heart Rate Variability, HRV)'입니다. HRV는 심장 박동 사이의 미세한 변화를 측정한 것으로, 우리 몸의 자율신경계 균형 상태를 보여 주는 거울과도 같습니다. HRV가 높을수록 우리 몸은 스트레스에 잘 대처하고 있는 것이고(초록불), 낮을수록 스트레스에 지쳐 있다는(빨간불) 신호입니다.[5] 한 연구에서는 스트레스가 높은 상황에서 HRV가 낮은 사람들이 감정 조절에 더 큰 어려움을 겪는다는 사실을 보여 주었습니다.[6] 저는 HRV를 측정하며 제 몸의 상태를 객관적으로 파악하고, 그에 맞는 전략을 세우기 시작했습니다.

🟢 초록불: 평온한 날(알로스타틱 부하가 낮은 날)

업무가 순조로웠고, 충분히 잠을 잤으며, 마음이 비교적 평온했던 날. 이런 날은 우리 몸이 '유익한 스트레스'를 기꺼이 받아들일 준비가 되어 있습니다. 저는 이런 날에는 기분 좋게 14시간, 혹은 그 이상의 '저녁 멈춤'을 실천하며 몸을 가볍게 만들었습니다.

🟡 노란불: 보통의 날(일상적인 스트레스가 있는 날)

대부분의 평일이 여기에 해당됩니다. 야근으로 조금 피곤하거나, 사소한 감정 소모가 있었던 날, 우리 몸은 더 이상의 스트레스를 원하지 않습니다. 저는 이런 날에는 무리하지 않고, 가장 기본이 되는 12시간의 '저녁 회복'을 지키는 데만 집중했습니다. 목표는 기록 경신이 아니라, 현상 유지입니다.

🔴 빨간불: 한계에 다다른 날(알로스타틱 부하가 높은 날)

중요한 발표로 극심한 스트레스를 받았거나, 아이가 아파 밤새 잠을 설쳤거나, 감정적으로 완전히 소진된 날. 이런 날 우리 몸은 이미 코르티솔 과부하 상태입니다. 여기에 공복이라는 스트레스를 더하는 것은 불난 집에 부채질하는 것과 같습니다.

저는 이런 날에는 '저녁 멈춤'이라는 규칙 자체를 완전히 내려놓았습니다. 대신, 우리가 18장에서 배운 '마지막 식사의 세 가지 원칙'을 지키며, 따뜻하고 영양가 있는 저녁 식사로 지친 저를 위로하는 데만 집중했습니다. '취침 전 3시간의 약속'만 지켜도 충분했습니다.

이 '스트레스 신호등'은 저에게 놀라운 자유와 평화를 선물했습니다. 더 이상 규칙을 지키지 못했다는 죄책감에 시달리지 않고, 오히려 내 몸의 상태를 더 섬세하게 들여다보며 그에 맞는 최적의 돌봄을 제공할 수 있게 되었죠.

과도한 업무 압박에 시달리는 수진 씨는 이제 자신의 대부분의 날이 '노란불' 혹은 '빨간불'임을 인정하고, 긴 공복에 대한 집착을 버렸습니다.

육아 스트레스가 극심한 지혜 씨는 '빨간불'인 날, 스스로에게 따뜻한 저녁 식사를 허락하며 "오늘 정말 고생 많았어."라고 다독입니다.

몸과 마음의 균형을 잡는다는 것은, 하나의 완벽한 규칙을 고수하는 것이 아닙니다. 매일 달라지는 나의 상태를 있는 그대로 인정하고,

그날 가장 필요한 것이 무엇인지 귀 기울여 주는 것입니다. 이것이야말로 진정으로 나를 사랑하는 가장 성숙한 방법입니다.

나에게 맞는 속도를 찾는 것이 먼저

이 책의 첫 장에서, 저는 야식과의 전쟁에서 매번 패배하던 무력한 제 자신에 대한 이야기로 시작했습니다. 그로부터 우리는 긴 여정을 함께 걸어왔습니다. 뇌의 보상회로부터 호르몬의 파도, 생체 시계의 비밀까지 파헤치며, 우리는 음식 앞에서 속수무책으로 무너지던 과거의 모습에서 벗어날 수 있게 되었습니다.

하지만 이 모든 여정의 끝에서 제가 얻은 가장 중요하고 값진 깨달음은, '14시간 공복'이나 '완벽한 탄단지 조합' 같은 특정 규칙이 아니었습니다. 그것은 바로 '나에게 맞는 속도를 찾는 것이 그 어떤 규칙보다 먼저'라는 아주 단순한 진실이었습니다.

우리는 19장에서 유전자와 장내 미생물의 차이로 인해 각자가 얼마나 고유한 존재인지 확인했습니다. 똑같은 음식을 먹고 똑같은 시간에 잠을 자도 우리 몸이 반응하는 방식은 저마다 다릅니다. 이는 우리가 따라야 할 단 하나의 '정답'은 세상에 존재하지 않는다는 명백한 증거입니다.

이 깨달음은 현대 심리학의 가장 중요한 이론인 '자기결정성 이론(Self-Determination Theory)'과 정확히 맞닿아 있습니다. 이 이론에 따르면 어떤 행동을 지속하게 만드는 가장 강력한 힘은 외부의 압박이나 보상이 아니라, 스스로 선택하고(자율성), 잘 해낼 수 있다고 느끼며(유능성), 다른 사람과 연결되어 있다고 느끼는(관계성) 내면의 동기입니다.[7] 한 메타 분석 연구에서는 건강한 식습관이나 운동을 꾸준히 유지하는 데 있어, '스스로 선택했다.'라고 느끼는 자율성이 얼마나 결정적인 역할을 하는지 명확하게 보여 주었습니다.[8] 즉, 누군가 정해준 완벽한 규칙을 따를 때보다 내가 전문가가 되어 내 삶에 맞는 규칙을 직접 만들어갈 때, 비로소 지치지 않고 그 길을 꾸준히 걸어갈 수 있는 것입니다.

이 여정의 또 다른 핵심은 '심리적 유연성(Psychological Flexibility)'을 기르는 것이었습니다. 이는 스트레스나 예상치 못한 어려움 앞에서 무너지거나 회피하는 대신, 나의 가치에 따라 열린 태도로 대처하는 능력을 말합니다.[9] '스트레스 신호등'을 보며 '빨간불'인 날에는 과감히 '저녁 멈춤'을 내려놓았던 저의 경험이 바로 이것입니다. 한 연구에서는 심리적 유연성이 높은 사람일수록 감정적인 식사 경향이 낮고, 자신의 몸이 보내는 배고픔과 포만감 신호에 더 잘 귀 기울이는 것으로 나타났습니다.[10] 완벽한 규칙을 고수하는 것이 아니라, 흔들리는 상황 속에서도 나를 지키는 최선의 선택을 해 나가는 유연함이야말로 진정한 힘이었던 셈입니다.

우리는 저마다 다른 무게의 짐을 지고 저마다의 속도로 인생을 살아갑니다.

매일 전쟁 같은 하루를 보내는 수진 씨의 몸과 마음은 이미 한계에 다다른 마라토너와 같습니다. 이런 그녀에게 필요한 것은 더 빨리 달리라는 채찍질이 아니라, 잠시 숨을 고를 수 있는 급수대입니다. 그녀에게 14시간의 공복은 건강을 위한 투자가 아니라, 오히려 몸을 망가뜨리는 학대가 될 수 있습니다.

잠 못 드는 아이를 돌보며 자신의 모든 에너지를 쏟아붓고 있는 지혜 씨에게 필요한 것 역시 마찬가지입니다. 그녀에게는 긴 공복이 주는 세포 청소 효과보다, 따뜻한 저녁 식사가 주는 즉각적인 위로와 에너지가 더 절실할지 모릅니다.

이 책에서 소개한 모든 기술과 원칙들은 당신이 당신의 몸과 마음을 이해하고, 당신만의 속도를 찾아가는 여정을 돕기 위한 '도구'일 뿐입니다. 망치 하나만으로는 모든 가구를 만들 수 없듯, '저녁 멈춤'이라는 단 하나의 도구만으로는 우리 삶의 모든 문제를 해결할 수 없습니다.

이 책의 진짜 목표는 당신을 완벽한 규칙을 지키는 모범생으로 만드는 것이 아닙니다. 오히려 당신이 이 책의 모든 규칙으로부터 자유로워지는 것입니다. 당신 스스로 자기 몸의 가장 뛰어난 전문가가 되어, 그날그날의 컨디션에 따라 망치를 쓸지, 드라이버를 쓸지, 혹은 아무것도 하지 않고 그냥 쉴지를 주체적으로 결정하는 힘을 기르는 것입니다.

그러니 조급해하지 마세요. 다른 사람의 성공담에 휘둘리지 마세요. 어제의 나보다 조금 더 나아지지 않았다고 해서 자책하지 마세요.

PART.6 :

  당신이 당신의 몸이 보내는 작은 속삭임에 귀 기울이기 시작했다면, 당신이 '빨간불'인 날 스스로에게 따뜻한 저녁 식사를 허락할 줄 알게 되었다면, 당신은 이미 이 책이 말하고자 하는 목적지에 도착한 것입니다.

  그것이야말로 진정으로 나를 안아 주는 밤의 시작이니까요.

21장 | 첫 여정 시작하기

길을 밝히는 나만의 기록 '마법의 등불' 준비하기

비밀 지도를 손에 쥐었다고 해도, 칠흑 같은 어둠 속에서는 한 걸음도 나아가기 어렵습니다. 그래서 두 번째 선물은 당신의 길을 환하게 밝혀줄 '마법의 등불'입니다. 이 등불은 바로 당신의 마음을 비추고, 당신이 가야 할 길을 선명하게 보여줄 [워크북: 야식 없는 밤 만들기]입니다.

이 등불은 저절로 빛을 내지 않습니다. 매일 밤, 당신이 직접 불을 켜고, 그 불씨를 소중히 가꾸어 나가는 정성이 필요합니다. 이 워크북 안에는 등불을 켜고, 불꽃을 유지하고, 거센 바람이 불 때 불씨를 지키는 모든 방법이 담겨 있습니다.

[워크북: 야식 없는 밤 만들기]

나의 밤을 바꾸는 체크인

이것은 매일 밤, 잠들기 전 5분 동안 당신의 등불에 불을 켜는 가장 중요하고 신성한 의식입니다. 작은 수첩을 준비해서 다음 세 가지 질문에 답하며, 오늘 하루 흩어졌던 당신의 마음을 한곳에 모으고 내일의 길을 준비해보세요.

PART.6 :

질문 1: 오늘 나의 '스트레스 신호등'은 어떤 색이었나요? (초록불/노란불/빨간불) 🟢🟡🔴

오늘 하루 나의 몸과 마음의 에너지 상태를 돌아봅니다. 평온했다면 초록불, 조금 힘들었다면 노란불, 완전히 방전되었다면 빨간불. 이 신호등은 내일의 나에게 어떤 돌봄이 필요한지 알려주는 가장 정직한 지표입니다.

질문 2: 오늘 나의 '마음허기'를 자극한 감정은 무엇이었나요? (HALT)

유독 음식이 당겼던 순간을 떠올려봅니다. 나는 정말 배가 고팠을까요(Hungry)? 아니면 화가 났거나(Angry), 외로웠거나(Lonely), 피곤했던(Tired) 걸까요? 식욕이라는 가면 뒤에 숨어있던 진짜 내 감정의 이름을 불러주는 시간입니다.

질문 3: 내일의 나를 위해, 오늘 밤 내가 해줄 수 있는 가장 다정한 행동은 무엇일까요?

자책이나 반성이 아닌, 오직 '다정함'의 관점에서 내일을 준비합니다. (예: "내일은 아침 일찍 회의가 있으니, 스마트폰은 거실에 두고 푹 자자.", "오늘 너무 힘들었으니, '저녁 멈춤'에 대한 압박감은 내려놓고 따뜻한 차 한 잔 마시고 자자.")

이 체크인은 단순히 하루를 기록하는 일기가 아닙니다. 이것은 '자기인식'이라는 마음의 근육을 키우는 가장 효과적인 트레이닝입니다. 처음에는 어색하고 어려울 수 있습니다. 하지만 매일 꾸준히 반복하다 보면, 당신은 어느새 당신의 몸과 마음이 보내는 작은 신호까지도 섬세하게 알아차리는 전문가가 되어 있을 겁니다. 이 근육이 단련될수록, 당신의 등불은 더 밝고 멀리 빛나게 될 것입니다.

무너졌을 때 다시 서는 법

아무리 조심해도, 거센 비바람(예상치 못한 스트레스나 유혹)에 등불이 꺼지는 날이 찾아올 수 있습니다. 괜찮습니다. 중요한 것은 불이 꺼지지 않는 것이 아니라, 언제든 다시 불을 붙일 수 있다는 사실을 아는 것입니다.

1단계 (자책 대신 인정하기)

"아, 어젯밤엔 무너졌구나. 정말 힘들었나 보다."라고, 넘어진 나를 다정하게 인정해주세요.

2단계 (원인 분석하기)

'밤을 바꾸는 체크인'을 통해 어제의 스트레스 신호등은 어땠는지, 어떤 감정이 나를 힘들게 했는지 객관적으로 돌아봅니다.

3단계 (리셋 버튼 누르기)

'72시간 회복 프로토콜'을 떠올리며, 오늘 하루는 그중 딱 한 가지라도 실천해보세요. (예: 점심시간 15분 산책, 저녁의 따뜻한 식사)

PART.6 :

위기의 순간, 길을 열어주는 마법 도구들

아무리 훌륭한 지도와 등불이 있어도, 여정에는 예기치 못한 위기의 순간이 찾아오기 마련입니다. 갑자기 마음의 허기라는 거대한 몬스터가 길을 막아서거나, 거절하기 힘든 유혹의 안개가 자욱하게 깔릴 때가 있죠.

이 세 번째 선물은 바로 그런 위기의 순간, 당신이 안전하게 길을 찾아 나설 수 있도록 돕는 세 가지 특별한 '마법 도구'입니다. 필요할 때 주머니에서 꺼내 현명하게 사용해주세요.

유혹을 물리치는 '진실의 거울' (한국형 간식·야식 대체 전략)

이것은 참을 수 없는 특정 음식에 대한 갈망이 밀려올 때, 나의 진짜 욕구를 파악하고 더 현명한 대안을 찾도록 도와주는 안내서입니다.

언제 사용하나요?

떡볶이, 라면, 치킨처럼 특정 음식이 미치도록 먹고 싶을 때. '이것만은 도저히 참을 수 없어!'라는 생각이 들 때 사용합니다.

어떻게 사용하나요?

이 거울(목록)을 펼쳐, 당신이 갈망하는 음식의 진짜 모습을 들여다봅니다.

거울은 당신에게 질문할 겁니다. "당신이 진짜 원하는 것은 떡볶이의 '탄수화물'인가요, 아니면 그저 '맵고 따뜻한 위로'인가요?"

거울은 당신의 진짜 욕구를 채워주면서도, 당신의 밤을 망치지 않을 더 현명한 대안을 보여줄 것입니다.

왜 효과가 있을까요?

이것은 '욕망의 재해석' 기술입니다. 우리는 특정 음식을 원하는 것이 아니라, 그 음식이 주는 '감각적 경험(따뜻함, 아삭함, 매콤함 등)'을 원하는 경우가 많습니다. 이 거울은 그 핵심 욕구를 파악하고, 혈당 롤러코스터를 유발하지 않는 건강한 대체재를 제시함으로써 '박탈감' 없이 욕구를 충족시키는 길을 안내합니다. 이는 금지가 아닌 '대체'의 전략으로, 의지력의 소모를 최소화합니다.

- **라면이 당길 때: 맵고 짠 국물**
  닭가슴살과 채소를 넣은 얼큰한 토마토 스튜, 페퍼론치노를 넣은 알리오 올리오

- **아이스크림이 당길 때: 차갑고 부드러운 단맛**
  얼린 바나나를 갈아 만든 아이스크림, 무가당 그릭 요거트에 베리류 토핑

- **과자가 당길 때: 바삭한 식감**
  오븐이나 에어프라이어에 구운 병아리콩, 김 한 장, 견과류 한 줌

관계를 지키는 '투명 망토' (사회생활 협상법)

이것은 회식이나 모임처럼 거절하기 어려운 사회적 상황에서, 나의 선택을 존중받으면서도 관계를 해치지 않는 지혜로운 대화법을 담은 안내서입니다.

언제 사용하나요?

회식, 친구들과의 모임, 가족 식사 자리에서 "이거 한번 먹어봐", "왜 이렇게 안 먹어?"라는 거절하기 힘든 압박을 받을 때 사용합니다.

어떻게 사용하나요?

상황에 맞는 주문을 마음속으로 외우고, 이 망토를 살짝 걸칩니다. **핵심은 ①감사 표현 → ②나의 상태 설명(진실하고 짧게) → ③대안 제시 또는 화제 전환**의 3단계입니다.

왜 효과가 있을까요?

이것은 '자기주장 훈련(Assertiveness Training)'의 실전 버전입니다. 핵심은 나의 권리(건강한 음식을 먹을 권리)와 상대방의 마음(나를 챙겨주고 싶은 마음)을 동시에 존중하는 것입니다. 이는 불필요한 갈등을 피하고, 나의 선택에 대한 통제감을 유지하게 하여 자존감을 지켜줍니다.

상황별 대화 예시:

(기본형) 음식을 권할 때:

"와, 정말 맛있겠어요! (①감사) / 제가 지금은 배가 불러서요. (②상태 설명) / 이따 생각나면 꼭 먹을게요!" (③대안 제시)

(고급형) 남은 음식을 처리하려 할 때:

"이거 정말 맛있는데 (①감사) / 제가 지금은 도저히 배가 불러서 못 먹겠어요. (②상태 설명) / 근데 배가 꺼지면 분명히 생각날 것 같아서, 좀 싸가도 될까요?" (③대안 제시)

상대방의 '음식을 남기면 안 된다'는 마음을 존중하면서, 나의 선택도 지키는 최고의 협상법입니다.

(방어형) 술을 계속 권할 때:

"이렇게 챙겨주시니 정말 감사해요. (①감사) / 제가 요즘 컨디션이 안 좋아서 술은 좀 쉬고 있어요. (②상태 설명) / 대신 사이다로 잔 채우고 더 힘차게 박수 칠게요!" (③대안 제시)

(전환형) 왜 안 먹냐고 집요하게 물을 때:

"신경 써주셔서 감사해요. (①감사) / 제가 요즘 저녁은 좀 가볍게 먹고 있어서요. (②상태 설명) / 근데 부장님, 지난번에 말씀하신 그 프로젝트는 어떻게 되어가요?" (③화제 전환)

PART.6 :

첫 여정의 시작 – 당신을 위한 12주 비밀 지도

가장 먼저 당신에게 건네고 싶은 선물은 바로 앞으로의 여정을 안내할 '비밀 지도'입니다. 이 지도는 총 12주, 약 세 달간의 여정을 담고 있습니다. 하지만 이것은 당신을 옥죄는 엄격한 규칙서가 아닙니다. 낯선 숲에 처음 들어설 때, 어디에 옹달샘이 있고 어디에서 맹수가 나타나는지 알려 주는 다정한 안내서와도 같죠.

이 지도의 목표는 완벽함이 아닙니다. 길을 잃지 않는 것이 아니라, 길을 잃었을 때 다시 돌아오는 법을 배우는 것입니다. 그러니 부디 가벼운 마음으로 첫걸음을 떼어 보세요.

[1단계] 처음 4주: 지도에 익숙해지는 시간 (파일럿)

첫 4주는 새로운 땅에 발을 딛고, 지도를 읽는 법을 배우는 탐험의 시간입니다. 폭풍이 몰아칠 때 나무 위에 있으면 더 많이 흔들린다는 걸 기억하세요. 완벽하게 해 내려는 마음은 잠시 내려놓고, 그저 새로운 길에 익숙해지는 것에만 집중해 보세요. 주별 미션을 따라오며, 당신만의 리듬을 찾아보세요.

1주차: 가장 중요한 닻 내리기

이번 주의 미션: 가장 큰 변화를 가져올 두 가지 핵심 습관에만 집중하여, 새로운 리듬의 '닻'을 내립니다.

액션 아이템:

[　] '12시간의 저녁 회복'을 딱 두 번만 성공해 보기: 매일이 아니어도 좋습니다. 일주일 중 가장 여유 있는 날을 골라 저녁 식사 후 12시간의 공복을 유지해 보세요. (만약 12시간이 부담스럽다면 10시간부터 시작해도 괜찮습니다.) 저의 경우 월요일, 목요일을 설정했습니다.

[　] 나만의 '귀가 리추얼' 정하고 실천하기: 퇴근 후 집에 돌아와 무의식적으로 음식을 찾기 전에 할 나만의 행동 순서(예: 가방 두기 → 옷 갈아입기 → 손 씻기 → 따뜻한 물 마시기)를 정하고, 매일 저녁 의식처럼 실천해 보세요.

> 마음가짐: 이번 주는 '성공'이 아닌 '시도'에 의미를 두세요. 딱 한 번이라도 성공했다면, 스스로를 마음껏 칭찬해 주세요. 당신은 이미 위대한 첫걸음을 뗀 것입니다.

2주차: 새로운 도구 사용해보기

이번 주의 미션: 1주차의 습관을 유지하며, 나의 밤을 더 풍요롭게 만들어 줄 새로운 '마법 도구' 하나를 추가로 장착합니다.

액션 아이템:

[　] 나만의 '회복 키트' 만들기: 9장에서 소개한 아이템들을 참고하여, 나에게 위로를 주는 물건들(허브티, 부드러운 담요, 걱정 인형, 좋아하는 음악 등)을 작은 상자나 바구니에 모아 보세요.

[　] '회복 키트' 딱 한 번 사용해 보기: 야식의 유혹이 찾아오는 순간, 냉장고 대신 회복 키트를 열어 그중 하나를 사용해 보세요. 따뜻한 차를 마시거나, 좋아하는 음악을 듣는 경험이 음식보다 더 큰 위로를 줄 수 있

다는 것을 느껴 보는 것이 중요합니다.

> 마음가짐: 새로운 도구를 처음부터 능숙하게 다루는 사람은 없습니다. 어색하고 불편한 것이 당연합니다. '이게 효과가 있을까?' 의심하는 마음 대신, '한번 놀아 볼까?' 하는 가벼운 마음으로 접근해 보세요

3주차: 나의 땅 관찰하기

이번 주의 미션: 이제 본격적으로 나의 몸과 마음이라는 땅을 관찰하고 기록하며, 나만의 패턴을 발견합니다.

액션 아이템:

[ ] **'밤을 바꾸는 체크인' 시작하기**: 매일 아침, 어젯밤의 수면, 식사, 그리고 오늘 아침의 컨디션을 간단하게 기록해 보세요. 스마트폰 메모장도 좋고, 작은 수첩도 좋지만, 기왕이면 다른 앱으로 벗어날 위험없는 손글씨가 집중도를 높일 수 있습니다.

[ ] **나의 '스트레스 신호등' 파악하기**: 저녁 시간을 돌아보며 오늘 나의 스트레스 지수가 초록불, 노란불, 빨간불 중 어디에 가까웠는지 생각해 보세요. 어떤 날 유독 힘들었는지, 그 이유는 무엇이었는지 관찰하는 것만으로도 충분합니다.

> 마음가짐: 당신은 학생이 아니라 탐험가입니다. 좋고 나쁨을 판단하며 점수를 매기지 말고, 그저 나의 땅에 어떤 나무와 꽃이 자라는지 호기심을 가지고 관찰해 보세요.

4주차: 첫 번째 비바람 마주하기

이번 주의 미션: 피할 수 없는 실패의 순간을 마주하고, 좌절하는 대신 다시 일어서는 법을 연습합니다.

액션 아이템:

[   ] **어쩔 수 없이 무너진 날, 나를 자책하지 않기**: 회식, 야근, 혹은 참을 수 없는 스트레스로 인해 '저녁 회복'에 실패한 날이 찾아올 겁니다. 바로 그때 "나는 역시 안 돼."라고 말하는 대신, "괜찮아, 그럴 수 있어."라고 스스로 다독여 주세요.

[   ] **'무너졌을 때 다시 서는 법' 펼쳐 보기**: 실패한 다음 날, 이 안내서를 읽으며 '72시간 회복 프로토콜' 중 딱 한 가지라도 실천해 보세요. (예: 아침 햇살 쬐기, 따뜻한 물 한 잔 마시기)

> 마음가짐: 비바람은 땅을 더 단단하게 만들어 주는 자연스러운 과정입니다. 넘어지는 것을 두려워하지 마세요. 우리에게는 언제든 다시 일어설 수 있는 힘과 지혜가 있습니다.

[2단계] 다음 8주: 나만의 길을 그리는 시간(완성)

4주간의 탐험으로 지도 읽는 법에 익숙해졌다면, 이제 당신만의 지름길과 아늑한 쉼터를 찾아 나설 시간입니다. 이 책의 규칙들을 당신의 삶에 맞게 재단하고, 완전히 당신의 것으로 만드는 과정이죠. 이 8주간의 목표는 완벽함이 아니라, '지속 가능성'입니다.

5주차 ~ 8주차: 습관을 근육처럼 만들기

이번 기간의 미션: 기본 습관들을 꾸준히 반복하며 '습관 근육'을 단련하고, 컨디션이 좋은 날에는 작은 도전을 통해 근력을 키웁니다.

액션 아이템:

· **기본기 다지기:** 1~4주차에 연습했던 핵심 습관들(저녁 회복, 리추얼, 회복 키트)을 꾸준히 실천하며 완전히 내 것으로 만듭니다.

· **작은 도전 시작하기:** 당신의 '스트레스 신호등'이 초록불인 날, 용기를 내어 14시간의 '저녁 멈춤'에 도전해 보세요. 일주일에 한두 번의 성공만으로도 당신의 몸은 놀라운 변화를 경험할 겁니다.

· **새로운 레시피 시도하기:** '방탄 점심'이나 '마지막 식사'를 위한 새로운 건강 레시피를 하나쯤 찾아 도전해 보세요. 건강한 식사가 즐거워지는 경험은 아주 중요합니다.

> 마음가짐: 헬스장에서 매일 같은 무게를 들지 않듯, 우리의 컨디션도 매일 다릅니다. 어떤 날은 가볍게, 어떤 날은 조금 더 무게를 치는 유연함을 발휘하세요. 중요한 것은 꾸준히 헬스장(나를 돌보는 습관)에 가서 운동을 하는 것입니다.

9주차 ~ 12주차: 당신이 바로 전문가

이번 기간의 미션: 이제 당신은 이 지도의 주인이자, 당신 몸의 가장 뛰어난 전문가입니다. 규칙을 따르는 것을 넘어, 나만의 규칙을 창조하고 삶의 모든 변수에 유연하게 대처하는 힘을 기릅니다.

액션 아이템:

· **나만의 패턴 분석하기**: 그동안 기록해 온 '밤을 바꾸는 체크인'을 다시 한번 쭉 훑어보세요. 어떤 상황에서 내가 무너지는지, 어떤 행동이 나에게 가장 큰 평화를 주는지, 당신만의 고유한 패턴이 보일 겁니다.

· **나만의 '주간 계획' 세워 보기**: 발견한 패턴을 바탕으로, 다가올 일주일을 위한 맞춤 전략을 세워 보세요. (예: "수요일은 야근할 확률이 높으니, 점심은 꼭 방탄 점심으로 챙겨 먹고 저녁 멈춤은 12시간만 해야지.")

· **미리 계획하고 대처하기**: 다가오는 회식, 여행, 명절 같은 특별한 이벤트를 미리 대비해 보세요. '늦은 식사 생존 가이드'를 다시 읽어 보거나, 여행용 '회복 키트'를 꾸려 보는 것처럼요.

> 마음가짐: 당신은 더 이상 지도를 따라가는 여행자가 아닙니다. 당신만의 지도를 그리는 탐험가이자 창조자입니다. 때로는 길을 헤맬 수도 있지만 괜찮습니다. 당신 손에는 이미 길을 찾을 수 있는 모든 도구와 지혜가 담겨 있으니까요.

이 12주의 여정은 경주가 아닙니다. 지도를 손에 쥐고 길 위에 서 있는 것만으로도, 당신은 이미 자신의 밤을 안아 주는 위대한 여정을 시작한 것입니다.

22장 | 특별한 지형 탐험하기 – 어떤 삶이든 나를 지키는 법

교대근무자를 위한 저녁 멈춤 가이드

 이 책을 쓰는 내내 제 마음 한구석에는 늘 간호사, 소방관, 공장 근로자처럼 밤낮이 바뀐 채 우리 사회를 지탱하는 분들의 얼굴이 어른거렸습니다. '아침 햇살을 쬐고, 밤 11시에 잠들라.'라는 이 책의 많은 원칙들이 그분들의 현실 앞에서는 얼마나 공허하게 들릴까 하는 죄책감 때문이었습니다.

 실제로 진료실에서 만난 많은 교대근무자분들은 야식과 수면 문제로 누구보다 크게 고통받고 있었습니다. 그들의 몸은 꺼지지 않는 불빛과 불규칙한 스케줄 속에서, 우리 몸의 근본적인 리듬을 관장하는 '생체 시계'와 매일매일 전쟁을 치르고 있었습니다. 이는 마치 매주 서울과 뉴욕을 오가는 것과 같은 극심한 '사회적 시차증'을 겪는 것과 같습니다.

 의사로서 저는 이 현상이 단순한 피로를 넘어, 심각한 건강 문제로 이어진다는 사실을 잘 알고 있었습니다. 수많은 연구들이 교대 근무가 비만, 제2형 당뇨병, 심혈관 질환의 위험을 높인다는 사실을 명백히 보여 주고 있습니다.[1] 우리 몸의 마스터 시계(시교차상핵)와 간, 췌장 등 온몸의 장기에 있는 '말초 시계' 사이의 불협화음이 신진대사 시스템 전체를 교란시키기 때문입니다. 한 연구에서는 교대 근무 간호사들을 대상으로 식사 패턴을 분석했는데, 야간 근무 중의 잦은 간식 섭취가 체중 증가와 대사 증후군 위험을 높이는 핵심적인 요인임이 밝혀졌습니다.[2]

저는 깨달았습니다. 그들에게 필요한 것은 일반적인 규칙이 아니라, 그들의 불규칙한 삶 속에서도 최소한의 리듬을 지켜 낼 수 있는 완전히 새로운 '지도'라는 것을요.

저는 수면 의학과 영양학의 원리를 교대근무자의 현실에 맞춰 재구성하는 연구를 시작했습니다. 그리고 수많은 환자분들과의 상담과 시행착오 끝에, 교대근무자를 위한 '저녁 멈춤'의 핵심 원칙을 발견했습니다. 그것은 바로 '완벽한 24시간 리듬'을 포기하고, '나만의 일관된 앵커(Anchor) 리듬'을 만드는 것이었습니다.

핵심 원칙: 나의 '밤'은 언제인가?

교대근무자의 가장 큰 실수는 근무일과 휴무일의 생활 패턴이 완전히 달라지는 것입니다. 이는 생체 시계를 최악의 혼란 상태로 몰아넣습니다. 해결책은 근무 스케줄에 맞춰 자신만의 '밤'과 '아침'을 재정의하고, 그 리듬을 휴무일에도 최대한 유지하는 것입니다.

야간 근무자를 위한 저녁 회복 가이드

1. 퇴근길, 인공적인 '밤'을 만드세요.

• **선글라스는 필수**: 아침에 퇴근할 때, 햇빛은 당신의 뇌에 "일어날 시간이야!"라고 외치는 가장 큰 적입니다. 짙은 선글라스를 끼는 것은 뇌를 속여 '지금은 밤'이라고 인식하게 만드는 가장 중요한 첫걸음입니다.

2. 퇴근 후 식사가 당신의 '저녁 식사'입니다.

• **따뜻하고, 가볍게**: 퇴근 후 먹는 식사가 바로 당신의 '마지막 식사'입니다. 우리가 18장에서 배운 세 가지 원칙(따뜻하게, 짜지 않게, 충분히 씹어서)을 이 식사에 적용하세요. 이 식사 후에는 '저녁 회복'에 들어갑니다.

3. '앵커 수면'으로 리듬의 닻을 내리세요.

핵심 수면 시간 확보: 매일 같은 시간대에 최소 4~5시간의 '핵심 수면'을 확보하는 것이 가장 중요합니다. 예를 들어, '오전 9시부터 오후 2시까지'를 핵심 수면 시간으로 정하고, 이 시간만큼은 무슨 일이 있어도 수면을 방해받지 않는 환경(암막 커튼, 귀마개)을 만드세요. 휴무일에도 이 시간에는 잠을 자는 것이 리듬 유지에 도움이 됩니다.

4. 출근 전, '파워 냅'으로 에너지 충전하기

야간 근무 시작 전, 20분 정도의 짧은 낮잠(파워 냅)은 밤사이의 집중력과 각성 상태를 유지하는 데 아주 효과적인 전략입니다. 30분

이상 길게 자면 깊은 잠에 빠져 오히려 잠에서 깬 뒤 멍해지는 '수면 관성'을 겪을 수 있으니, 알람을 맞춰 짧게 자는 것이 핵심입니다.

낮잠은 길이에 따라 효과가 달라집니다. 플린더스 대학 연구팀은 5분, 10분, 20분, 30분 낮잠을 비교했는데, 특히 10분과 20분이 주목할 만했습니다. 10분 낮잠은 잠에서 깬 직후부터 졸음이 줄고 머리가 맑아지며, 집중력과 반응 속도가 즉각적으로 좋아졌습니다. 반면, 20분 낮잠은 깬 직후에는 다소 멍한 시간이 잠깐 있었지만, 그 이후부터는 업무 수행 능력 효과가 뚜렷하게 나타났습니다. 즉, 빠르게 활력을 되찾고 싶을 때는 10분 낮잠이 도움이 되는데, 야간 근무 전이라면 20분이 진정한 파워냅이 된다는 것을 알 수 있습니다.[3] 이 연구는 출근 전의 짧은 잠이 단순한 휴식을 넘어, 밤샘 근무의 효율과 안전을 지키는 중요한 '선제 공격 전략'임을 명확하게 보여 줍니다.

5. 출근 후, 인공적인 '아침'을 만드세요.

- **밝은 빛으로 뇌 깨우기**: 잠에서 깬 뒤에는 집안의 조명을 최대한 밝게 켜거나, '라이트 테라피' 기기를 사용해 뇌에 "이제 아침이야!"라는 명확한 신호를 보내 주세요.

- **첫 끼니와 커피**: 이때 먹는 식사가 당신의 '아침 식사'입니다. 단백질 위주의 식사로 하루를 시작하고, 필요하다면 커피의 도움을 받는 것도 좋습니다.

교대근무자의 삶은 우리 몸의 자연스러운 흐름을 거스르는 고된 여정입니다. 완벽할 수 없다는 사실을 먼저 인정하고, 그 안에서 나를 지킬 수 있는 최소한의 리듬을 만들어 가는 것. 그것이 바로 가장 현실적이고 다정한, 몸과 마음을 함께 돌보는 실천입니다.

아이와 함께, 나를 잃지 않는 법

이 책에 등장했던 '지혜 씨'의 사연은 진료실에서 만나는 수많은 엄마들의 이야기이자 한때 저의 이야기이기도 했습니다. 아이를 키우는 엄마의 하루는 퇴근 시간이 정해진 직장과 다릅니다. 아이가 잠든 뒤에야 비로소 찾아오는 고요한 밤, 이른바 '육퇴'는 하루의 유일한 숨구멍이지만, 동시에 야식의 유혹이 가장 강력하게 밀려오는 위험한 시간이기도 합니다.

저는 깨달았습니다. 엄마들에게 '저녁 멈춤'이 유독 어려운 이유는 그들의 '마음허기'가 훨씬 더 복잡하고 깊기 때문이라는 것을요.

그것은 단순히 스트레스나 외로움을 넘어섭니다. 온종일 아이에게 모든 것을 내어 주고 난 뒤 '나'라는 존재가 텅 비어 버린 것 같은 '자아 고갈(Ego Depletion)'의 상태. 이 텅 빈 마음을 가장 빠르고 손쉽게 채울 수 있는 것이 바로 음식이었던 것입니다. 육퇴 후 과자 한 봉지는 지친 엄마가 '나'를 되찾기 위한 필사적인 몸부림입니다.

그렇다면 아이와 함께하는 삶 속에서, 어떻게 하면 나를 잃지 않고 밤의 평화를 지켜 낼 수 있을까요? 완벽한 엄마가 되려는 욕심을 내려놓고, '지속 가능한 나'를 위한 현실적인 전략이 필요합니다.

1. '나의 시간'을 미리 예약하세요: 15분의 성역

'육퇴' 후 방전된 상태에서 보상을 찾는 것은 '소 잃고 외양간 고치는 격'과 같습니다. 핵심은 낮 동안 스트레스 저장고가 가득 차기 전에 미리 조금씩 비워 내는 '선제적 휴식'입니다. 아이가 낮잠을 자거나 혼자 안전하게 노는 단 15분, 이 시간을 스마트폰이나 집안일이 아니라 오롯이 나를 위해 사용하세요.

효과가 있을까요? 이 15분은 밤의 보상 심리를 만드는 스트레스 호르몬(코르티솔)의 과잉 분비를 예방하는 가장 효과적인 '백신'입니다. 짧지만 온전한 휴식은 우리 마음의 경보 시스템인 교감신경을 진정시키고, 안정감을 주는 부교감신경을 활성화시킵니다. 한 연구에서는 단 10분의 마음챙김 명상만으로도 스트레스에 대한 심리적, 생리적 반응이 유의미하게 감소하는 것을 보여 주었습니다.[4] 이 작은 충전의 시간이 밤에 폭발할 수 있는 감정의 뇌관을 미리 제거해 주는 셈이죠.

어떻게 할 수 있을까요? 지혜 씨는 아이의 낮잠 시간에 설거지 대신 소음 차단 헤드폰을 끼고 가장 좋아하는 음악 한 곡을 듣거나, 창가에 앉아 아무것도 하지 않고 따뜻한 차를 마시는 것을 새로운 규칙으로 삼았습니다. 이 15분의 충전이 밤의 보상 심리를 놀랍도록 잠재워 주었습니다.

2. 아이와 함께, '제대로' 드세요.

아이를 챙기느라 식은 밥이나 아이가 남긴 음식으로 끼니를 때우는 것은 저녁의 과식과 밤의 야식으로 가는 지름길입니다. 아이 밥을 차릴 때, 반드시 당신의 '방탄 점심'도 함께 차리세요.

왜 효과가 있을까요? 아이가 남긴 밥(주로 탄수화물)으로 때운 식사는 혈당을 급격히 올렸다가 떨어뜨리는 '혈당 롤러코스터'를 유발합니다. 이는 오후 늦게 극심한 피로와 '가짜 허기'를 불러와, 저녁의 과식과 밤의 야식으로 이어지는 최악의 도미노를 만듭니다. 실제로 산후 우울감을 겪는 여성들의 식단을 분석한 한 연구에서는, 정제된 곡물과 설탕 섭취가 많을수록 우울 증상의 위험이 높아지는 것으로 나타났습니다.[5] 단백질과 건강한 지방, 섬유질이 포함된 제대로 된 식사는 밤까지 혈당을 안정시켜 주는 가장 중요한 안전장치입니다.

어떻게 할 수 있을까요? 거창할 필요 없습니다. 아이 식판 옆에 당신의 접시를 놓고, '단백질 하나(예: 달걀 프라이, 두부 반 모) + 채소 한 줌'을 추가하는 것만으로도 충분합니다. 아이와 눈을 맞추고 함께 식사하는 시간은 정서적 교감뿐만 아니라, 당신의 밤을 지켜 주는 가장 중요한 투자가 됩니다.

3. '팀플레이'를 요청하는 용기

'나 혼자 모든 것을 해내야 한다.'라는 생각은 밤의 '마음허기'를 가중시키는 가장 큰 원인입니다. 배우자에게 "나, 15분만 혼자 있을게."라고 요청하는 것을 이기적인 행동이라 생각하지 마세요.

왜 효과가 있을까요? 독박육아의 무게감은 우리 몸의 투쟁-도피 시스템(교감신경)을 계속해서 활성화시킵니다. 이 만성적인 스트레스는 코르티솔 수치를 높여 지방을 저장하고 식욕을 촉진하죠. 한 연구에서는 배우자의 지지가 높은 엄마일수록 스트레스 상황에서 코르티솔 반응이 낮게 나타난다는 사실을 발견했습니다.[6] 도움을 요청하는 것은 이 악순환의 고리를 끊고, 우리 몸이 휴식-소화 모드(부교감신경)로 전환될 기회를 주는 것입니다. 이는 단순히 쉬는 것을 넘어, 우리 몸의 호르몬 상태를 바꾸는 일입니다.

어떻게 할 수 있을까요? "내가 저녁 준비하는 동안, 15분만 아이랑 놀아줄 수 있어?"처럼 구체적으로 요청해 보세요. 당신이 잠시 쉬는 시간은 더 행복하고 에너지 넘치는 엄마가 되어, 결국 가족 모두를 위한 시간이 된다는 것을 기억하세요.

4. '육퇴' 후, 새로운 리추얼을 만드세요.

아이가 잠든 뒤, 과자 봉지로 향하던 낡은 습관의 고리를 새로운 습관으로 대체해야 합니다. 과자 봉지 대신 '회복 키트'를 여는 것을 새로운 리추얼로 만들어 보세요.

왜 효과가 있을까요? 이것은 '습관 회로 바꾸기'이기 때문입니다.

기존의 '육퇴(신호) → 과자 먹기(행동) → 잠시의 쾌락(보상)' 회로를, '육퇴(신호) → 회복 키트 열기(행동) → 깊은 안정감(보상)'이라는 새로운 회로로 재설계하는 과정입니다. 이 새로운 행동이 주는 세로토닌의 안정감은 도파민의 쾌락보다 훨씬 더 깊고 오래갑니다.

어떻게 할 수 있을까요? 아이가 잠들면 부엌이 아니라, 당신의 회복 키트가 있는 곳으로 향하세요. 오늘 하루 아이와 함께 웃었던 순간을 떠올리며 감사 일기를 쓰거나, 좋아하는 향의 핸드크림을 바르며 스스로 마사지해 주는 시간. 음식보다 훨씬 더 깊은 위로와 충만함을 경험하게 될 것입니다.

엄마라는 이름 때문에 '나'를 잃어버릴 필요는 없습니다. 아이를 돌보는 만큼, 당신 자신을 돌보는 법을 배우는 것. 그것이 바로 아이에게 줄 수 있는 가장 큰 선물이자, 당신의 밤을 온전히 당신의 것으로 되찾는 가장 확실한 길입니다.

마지막 장: 무너진 밤을 위한 3일의 약속

이 책의 첫 장에서, 저는 텅 빈 떡볶이 그릇 앞에서 자책하던 제 이야기를 꺼냈습니다. 그로부터 우리는 참 긴 여정을 함께 걸어왔습니다. 야식과의 싸움에서 이기는 법을 배우는 여정일 거라 생각하셨을지도 모릅니다. 하지만 이 길고 긴 여정의 끝에서, 우리는 전혀 다른 진실과 마주했습니다.

문제는 야식이 아니었습니다. 진짜 문제는, 우리가 몸과 마음이 보내는 소리에 귀 기울이는 법을 잊고 있었다는 것이었습니다.

이 책에서 소개한 모든 규칙과 리추얼을 매일 완벽하게 지켜야 한다고 생각하면, 어쩌면 숨이 막힐지도 모릅니다. '오늘도 해내야 한다.'라는 압박감은 또 다른 스트레스가 되어 우리를 지치게 할 수 있습니다.

하지만 여기에 아주 중요한 희소식이 있습니다. 우리 몸은 생각보다 훨씬 더 관대하고, 놀라운 회복력을 가지고 있다는 사실입니다.

진료실에서의 경험과 수많은 연구를 통해 저는 우리 몸이 무너진 리듬을 되찾는 데 필요한 최소한의 시간이 있다는 것을 확인했습니다. 바로 '72시간', 즉 3일입니다. 스트레스나 수면 부족으로 한번 흐트러진 우리 몸의 호르몬과 대사 시스템이 제자리로 돌아오는 데는 물리적인 시간이 필요합니다.

이것은 우리에게 놀라운 자유를 줍니다. 매일 밤 완벽하지 않아도 괜찮다는 뜻이니까요. 이틀 정도는 피할 수 없는 약속에 고된 회식에 혹은 어쩔 수 없는 스트레스에 자신을 내주었더라도, 단 하루만 제대로 된 휴식을 선물하면 우리 몸은 다시 제자리로 돌아올 힘을 얻습니다.

그러니 모든 것이 버겁게 느껴진다면 이것 하나만 약속해 주세요.

"3일에 딱 한 번, 저녁 8시부터 11시까지 나를 위한 3시간의 리추얼을 갖고 11시에 눕는다."

이틀은 조금 흐트러지더라도, 3일째 되는 날 밤에는 따뜻한 저녁 식사를 하고, 조명을 낮추고, 스마트폰 대신 책을 들며 온전히 나를 돌보는 것입니다. 이 '3일의 약속'이 반복될 때, 우리의 밤은 더 이상 실패와 자책의 시간이 아니라, 언제든 돌아갈 수 있는 아늑한 회복의 공간이 되어 줄 것입니다.

이 책의 목적은 당신을 완벽한 규칙을 지키는 모범생으로 만드는 것이 아닙니다. 오히려 당신이 이 책의 모든 규칙으로부터 자유로워지도록 돕기 위한 것입니다.

스스로 자기 몸의 전문가가 되어, 그날그날의 컨디션에 따라 어떤 닻을 내릴지, 혹은 모든 닻을 걷고 잠시 파도에 몸을 맡길지를 주체적으로 결정하는 힘을 기르는 것. 그것이 이 여정의 진짜 목적지입니다.

이제 당신은 자신만의 '비밀 지도'와 '마법 주머니'를 손에 들고 있습니다. 당신은 이제 가장 뛰어난 '내 몸' 전문가입니다.

야식의 유혹 앞에서 좌절하는 대신 따뜻한 차 한 잔을 스스로 건네고 자책감에 시달리는 대신 "괜찮아, 내일 다시 시작하면 돼."라고 자신을 안아 주는, 밤의 진정한 주인이 되기를 진심으로 응원합니다.

엔딩, 우리는 이것을 뫔케어라 부르기로 했다.

이 책의 첫 장에서, 저는 텅 빈 떡볶이 그릇 앞에서 자책하던 제 이야기를 꺼냈습니다. 아마 당신은 이 책이 야식과의 싸움에서 이기는 법을 배우는 여정일 것으로 생각하셨을지도 모릅니다. 하지만 이 길고 긴 여정의 끝에서, 우리는 전혀 다른 진실과 마주했습니다.

문제는 야식이 아니었습니다. 진짜 문제는 우리의 몸과 마음이 보내는 소리에 스스로 귀 기울이는 법을 잊고 있었다는 것이었습니다.

진료실에서 저는 오랫동안 몸과 마음을 분리해서 생각해 왔습니다. 혈압이 높은 환자에게는 약을 처방하고, 마음이 힘든 환자에게는 상담을 권하는 식이었죠. 하지만 자신의 밤과 씨름하며, 그리고 수많은 환자분들의 고통을 마주하며 깨달았습니다. 몸과 마음은 결코 분리될 수 없는 하나라는 것을요.

잠이 부족한 몸이 어떻게 단 음식을 갈망하는 마음을 만드는지, 억눌린 마음의 화가 어떻게 늦은 밤 폭식이라는 몸의 행동으로 나타나는지, 우리는 이 책을 통해 수없이 확인했습니다. 몸을 돌보지 않으면 마음이 무너지고, 마음을 돌보지 않으면 몸이 신호를 보냅니다.

그래서 이 모든 과정을 아우르는 새로운 이름이 필요했습니다. 몸과 마음, 그 어느 하나도 소홀히 하지 않는 온전한 돌봄.

저는 이것을 몸맘케어, '뫔케어'라고 부르기로 했습니다.

이 책의 진짜 목표는 야식을 끊는 것이 아닙니다. 그것은 부수적인 결과일 뿐입니다. 진짜 목표는 야식이 더 이상 필요하지 않은 밤을 만드는 것, 즉 음식이라는 손쉬운 위로에 기대지 않아도 될 만큼 스스로 따뜻하게 안아 줄 힘을 기르는 것입니다.

'저녁 회복'은 단순히 위장을 쉬게 하는 몸의 기술이 아니라, 하루의 소란으로부터 나를 지켜 내는 마음의 의식입니다.

'회복 키트'는 감정의 폭풍우를 잠재우는 마음의 도구인 동시에, 스트레스 호르몬으로부터 우리 몸을 지키는 과학적인 전략입니다.

아침 햇살을 쬐는 것은 생체 시계를 맞추는 몸의 습관이자, 밤의 불안을 잠재우는 마음의 약속입니다.

이것이 바로 몸케어입니다.

이제 당신은 이제 당신 몸의 가장 뛰어난 전문가입니다. 어느 날 멈춰야 할지, 어느 날 조금 더 나아가도 좋을지 '스트레스 신호등'을 보며 스스로 판단할 수 있는 힘이 생겼습니다.

완벽한 밤이 아닌, 다정한 밤을 만들어 가시길 바랍니다. 무너진 자신을 자책하는 대신, "괜찮아, 내일 다시 시작하면 돼."라고 말해 줄 수 있는 너그러운 밤을 보내시길 바랍니다.

야식 대신, 온전한 '나'를 안아 주는 당신의 모든 밤을 진심으로 응원합니다.

「저는 여전히 떡볶이를 먹습니다. 다만 달라진 것이 있다면, 아주 귀한 음식으로 대한다는 것입니다. 무언가 꽤 잘 한 날, 그러니까 상한 마음이 아니라 좋은 마음으로, 밤이 아닌 낮에, 혼자가 아니라 가족과 웃으며, 귀하게 먹습니다.」

떡볶이
먹는
이사

참고문헌

PART 1 / 1장 | 밤 10시, 왜 나의 허기는 폭발하는가?

[1] Volkow, N. D., Wang, G. J., & Baler, R. D. (2011). Reward, dopamine and the control of food intake: implications for obesity. Trends in Cognitive Sciences, 15(1), 37–46

[2] Schulte, E. M., Avena, N. M., & Gearhardt, A. N. (2015). Which foods may be addictive? The roles of processing, fat content, and glycemic load. PloS one, 10(2), e0117959.

[3] Stice, E., Spoor, S., Bohon, C., & Small, D. M. (2008). Relation of reward from food intake and anticipated food intake to obesity: a functional magnetic resonance imaging study. Journal of abnormal psychology, 117(4), 924–935.

[4] Pletzer, B., & Noachtar, I. (2023). Emotion recognition and mood along the menstrual cycle. Hormones and Behavior, 154, 105406.

[5] Doornweerd, A. M., & Gerritsen, L. (2025). 28 days later: A prospective daily study on psychological well-being across the menstrual cycle and the effects of hormones and oral contraceptives. Psychological Medicine, 55, e19

[6] Schamarek I, Richter FC, Finlayson G, Tönjes A, Stumvoll M, Blüher M, Rohde-Zimmermann K.,(2024). Association of salty and sweet taste recognition with food reward and subjective control of eating behavior. Nutrients, 16(16), 2661.

[7] Shillito, J. A., Thondavadi, A., & Kenardy, J. A. (2018). Why I eat at night: A qualitative exploration of the development, maintenance and consequences of Night Eating Syndrome. Appetite, 127, 41–47.

PART 1 / 2장 | 피곤할수록 왜 라면이 당길까?

[1] Taheri, S., Lin, L., Austin, D., Young, T., & Mignot, E. (2004). Short sleep duration is associated with reduced leptin, elevated ghrelin, and increased body mass index. PLoS medicine, 1(3), e62.

[2] Spiegel, K., Tasali, E., Penev, P., & Van Cauter, E. (2004). Brief communication: Sleep curtailment in healthy young men is associated with decreased leptin levels, elevated ghrelin levels, and increased hunger and appetite. Annals of internal medicine, 141(11), 846–850.

[3] Greer, S. M., Goldstein, A. N., & Walker, M. P. (2013). The impact of sleep deprivation on food desire in the human brain. Nature communications, 4, 2259.

[4] Al Khatib, H. K., Hall, W. L., Creedon, A., O'Donovan, D., Troup, J. P., & Pot, G. K. (2018). Sleep extension is a feasible lifestyle intervention in free-living adults who are habitually short sleepers: a potential strategy for decreasing intake of free sugars? A randomized controlled pilot study. The American journal of clinical nutrition, 107(1), 43–53.

[5] Van Cauter, E., Leproult, R., & Plat, L. (2000). Age-related changes in slow wave sleep and REM sleep and relationship with growth hormone and cortisol levels in healthy men. JAMA, 284(7), 861–868.

PART 2 / 4장 | 저녁 멈춤으로 평온의 터를 다지다

[1] Randers, L., & Thøgersen, J. (2023). From attitude to identity? A field experiment on attitude activation, identity formation, and meat reduction. Journal of Environmental Psychology, 87, 101996.

[2] Morina, N. (2021). Comparisons inform me who I am: A general comparative-processing model of self-perception. Perspectives on Psychological Science, 16(6), 1281–1299.

[3] Ballesio, A., Fiori, V., & Lombardo, C. (2025). Effects of experimental sleep deprivation on peripheral inflammation: An updated metaanalysis of human studies. Journal of Sleep Research. Advance online publication.

[4] Manoogian, E. N. C., Wilkinson, M. J., et al. (2024). Time-restricted eating in adults with metabolic syndrome: A randomized controlled trial. Annals of Internal Medicine, 177(11), 1584–1596.

[5] Gill, S., & Panda, S. (2015). A Smartphone App Reveals Erratic Diurnal Eating Patterns in Humans that Can Be Modulated for Health Benefits. Cell metabolism, 22(5), 789–798.

[6] Mizushima, N., & Komatsu, M. (2011). Autophagy: renovation of cells and tissues. Cell, 147(4), 728–741.

[7] Anton, S. D., Moehl, K., Donahoo, W. T., Marosi, K., Lee, S. A., Mainous, A. G., 3rd, Leeuwenburgh, C., & Mattson, M. P. (2018). Flipping the Metabolic Switch: Understanding and Applying the Health Benefits of Fasting. Obesity (Silver Spring, Md.), 26(2), 254–268.

[8] Wee, R. W. S., Talmage, D. A., Role, L. W., & Xu, A. W. (2024). Internal-state-dependent control of feeding behavior via hippocampal ghrelin signaling. Neuron, 112(2), 288–305.e7.

[9] Srivastava, J. K., Shankar, E., & Gupta, S. (2010). Chamomile: A herbal medicine of the past with bright future. Molecular medicine reports, 3(6), 895–901.

PART 2 / 5장 | 세상의 소음은 문밖에, 나만의 현관문을 닫다

[1] Maier, M., Powell, D., Murchie, P., & Allan, J. L. (2025). Systematic review of the effects of decision fatigue in healthcare professionals on medical decision-making. Health Psychology Review, 1–46. Advance online publication.

[2] Gollwitzer, P. M., & Sheeran, P. (2006). Implementation intentions and goal achievement: A meta-analysis of effects and processes. Advances in experimental social psychology, 38, 69-119.

[3] Cajochen, C., Frey, S., Anders, D., Späti, J., Bues, M., Pross, A., ... & Wirz-Justice, A. (2011). Evening exposure to a light-emitting diodes (LED)-backlit computer screen affects circadian physiology and cognitive performance. Journal of Applied Physiology, 110(5), 1432-1438.

[4] Gooley, J. J., Chamberlain, K., Smith, K. A., Khalsa, S. B. S., Rajaratnam, S. M. W., Van Reen, E., ... & Lockley, S. W. (2011). Exposure to room light before bedtime suppresses melatonin onset and shortens melatonin duration in humans. The Journal of Clinical Endocrinology & Metabolism, 96(3), E463-E472.

[5] Khalfa, S., Bella, S. D., Roy, M., Peretz, I., & Lupien, S. J. (2003). Effects of relaxing music on salivary cortisol level after psychological stress. Annals of the New York Academy of Sciences, 999(1), 374-376.

[6] Fogg, B. J. (2019). Tiny Habits: The Small Changes That Change Everything. Houghton Mifflin Harcourt.

PART 2 / 6장 | 소화와 휴식의 약속이 가벼운 내일을 세운다

[1] Gu, C., Brereton, N., Schweitzer, A., Cotter, M., Duan, D., Børsheim, E., & Jun, J. C. (2020). Metabolic effects of late dinner in healthy volunteers—A randomized crossover clinical trial. Journal of Clinical Endocrinology & Metabolism, 105(8), 2789–2802.

[2] Duan, D., Mavronis, A., Pham, L., & Jun, J. (2025). Comparing post-prandial glycemia after late eating vs late sleep: Preliminary results from a randomized crossover study. Sleep, 48(Suppl. 1), A3–A4.

[3] Garaulet, M., Lopez-Minguez, J., Dashti, H. S., Scheer, F. A. J. L., Saxena, R., & Ordovás, J. M. (2022). Interplay of dinner timing and MTNR1B type 2 diabetes risk variant on glucose tolerance and insulin secretion: A randomized crossover trial. Diabetes Care, 45(3), 512–519.

[4] Vujović, N., Piron, M. J., Qian, J., Scheer, F. A. J. L., Shea, S. A., & Garaulet, M. (2022). Late isocaloric eating increases hunger, decreases energy expenditure, and modifies metabolic pathways in adults with overweight and obesity. Cell Metabolism, 34(10), 1486–1498.e7.

[5] Fujiwara, Y., Machida, A., Watanabe, Y., Shiba, M., Tominaga, K., Watanabe, T., ... & Arakawa, T. (2005). Association between dinner-to-bed time and gastro-esophageal reflux disease. The American journal of gastroenterology, 100(12), 2633–2636.

[6] Shukla, A. P., Iliescu, R. G., Thomas, C. E., & Aronne, L. J. (2015). Food order has a significant impact on postprandial glucose and insulin levels. Diabetes care, 38(7), e98-e99.

PART 2 / 7장 │ 완벽한 하루의 마무리, 가장 아늑한 공간에 불을 켜다

[1] Scullin, M. K., Krueger, M. L., Ballard, H. K., Pruett, N., & Bliwise, D. L. (2018). The effects of bedtime writing on difficulty falling asleep: A polysomnographic study. Journal of Experimental Psychology: General, 147(1), 1–8.

PART 3 / 8장 │ 그날 밤, 나는 배고픈 게 아니라 화가 난 거였어

[1] Wagner, H. S., Ahlstrom, B., Redden, J. P., Vickers, Z., & Mann, T. (2014). The myth of comfort food. Health Psychology, 33(12), 1552.

[2] Cacioppo, S., Grippo, A. J., London, S., Goossens, L., & Cacioppo, J. T. (2015). Loneliness: Clinical import and interventions. Perspectives on Psychological Science, 10(2), 238-249.

[3] Groves, N. B., & Wisse, B. E. (2017). The relationship between sleep and emotional eating. Appetite, 113, 162-168.

[4] Lieberman, M. D., Eisenberger, N. I., Crockett, M. J., Tom, S. M., Pfeifer, J. H., & Way, B. M. (2007). Putting feelings into words: affect labeling disrupts amygdala activity in response to affective stimuli. Psychological science, 18(5), 421-428.

[5] Jones, A. C., & Herr, N. R. (2018). Emotion differentiation mediates the association between emotion regulation difficulties and caloric intake. Eating Behaviors, 29, 35–40.

[6] Ford, B. Q., Lam, P., John, O. P., & Mauss, I. B. (2018). The psychological health benefits of accepting negative emotions and thoughts: Laboratory, diary, and longitudinal evidence. Journal of personality and social psychology, 115(6), 1075.

[7] Pennebaker, J. W. (1997). Writing about emotional experiences as a therapeutic process. Psychological science, 8(3), 162-166.

[8] Casasanto, D., & Boroditsky, L. (2008). Time in the mind: Using space to think about time. Cognition, 106(2), 579-593.

[9] Briñol, P., Gascó, M., Petty, R. E., & Horcajo, J. (2013). Treating thoughts as material objects can increase or decrease their impact on evaluation. Psychological Science, 24(1), 41–47.

[10] Winnicott, D. W. (1953). Transitional objects and transitional phenomena—a study of the first not-me possession. The International journal of psycho-analysis, 34(2), 89.

[11] Lowe, M. R., & Butryn, M. L. (2007). Hedonic hunger: a new dimension of appetite?. Physiology & behavior, 91(4), 432-439.

[12] Stuber, G. D., Schwitzgebel, V. M., & Lüscher, C. (2025). The neurobiology of overeating. Neuron, 113(3), 301–320.

PART 3 / 9장 | 도파민의 밤에서 세로토닌의 밤으로

[1] Berridge, K. C., & Robinson, T. E. (2016). Liking, wanting, and the incentive-sensitization theory of addiction. American Psychologist, 71(8), 670–679.

[2] Goto, Y., Hayasaka, S., Kurihara, Y., & Nakamura, Y. (2018). Physical and Mental Effects of Bathing: A Randomized Intervention Study. Evidence-Based Complementary and Alternative Medicine, 2018, 9521086.

[3] Doroud, N., Cappy, M., Grant, K., Scopelliti, M., McKinstry, C., & McMahon, D. (2024). Sensory rooms within mental health settings: A systematic scoping review. Occupational Therapy in Mental Health, 40(1), 38–58.

[4] Adams, C. E., & Leary, M. R. (2007). Promoting self-compassionate attitudes toward eating among restrictive and guilty eaters. Journal of Social and Clinical Psychology, 26(10), 1120-1144.

[5] Koulivand, P. H., Khaleghi Ghadiri, M., & Gorji, A. (2013). Lavender and the nervous system. Evidence-based complementary and alternative medicine, 2013.

[6] Young, S. N. (2007). How to increase serotonin in the human brain without drugs. Journal of psychiatry & neuroscience: JPN, 32(6), 394.

[7] Field, T., Hernandez-Reif, M., Diego, M., Schanberg, S., & Kuhn, C. (2005). Cortisol decreases and serotonin and dopamine increase following massage therapy. International Journal of Neuroscience, 115(10), 1397-1413.

PART 3 / 10장 | 세상의 소음을 끄고 나의 감각을 켜다

[1] Steers, M. L. N., Wickham, R. E., & Acitelli, L. K. (2014). Seeing everyone else's highlight reels: How Facebook usage is linked to depressive symptoms. Journal of Social and Clinical Psychology, 33(8), 701-731.

[2] Primack, B. A., Shensa, A., Sidani, J. E., Whaite, E. O., Lin, L. Y., Rosen, D., ... & Miller, E. (2017). Social media use and perceived social isolation among young adults in the U.S. American journal of preventive medicine, 53(1), 1-8.

[3] Haynes, C. (2018). Dopamine, Smartphones & You: A battle for your time. Harvard University, The Graduate School of Arts and Sciences.

[4] Stothart, C., Mitchum, A., & Yehnert, C. (2015). The attentional cost of receiving a cell phone notification. Journal of experimental psychology: human perception and performance, 41(4), 893.

[5] Coyne, P., & Woodruff, S. J. (2023). Taking a break: The effects of partaking in a two-week social media digital detox on problematic smartphone and social media use, and other health-related outcomes among young adults. Behavioral Sciences, 13(12), 1004.

[6] Verduyn, P., Ybarra, O., Résibois, M., Jonides, J., & Kross, E. (2017). Do social network sites enhance or undermine subjective well-being? A critical review. Social Issues and Policy Review, 11(1), 274-302.

[7] Uvnäs-Moberg, K. (2003). The oxytocin factor: Tapping the hormone of calm, love, and healing. Da Capo Press.

[8] Holt-Lunstad, J., Smith, T. B., & Layton, J. B. (2010). Social relationships and mortality risk: a meta-analytic review. PLoS medicine, 7(7), e1000316.

PART 3 / 11장 | 어쩔 수 없는 그날, 호르몬의 파도 슬기롭게 타는 법

[1] Rapkin, A. J., & Winer, S. A. (2015). Premenstrual syndrome and premenstrual dysphoric disorder: quality of life and burden of illness. Expert review of pharmacoeconomics & outcomes research, 15(5), 857-865.

[2] Dye, L., & Blundell, J. E. (1997). Menstrual cycle and appetite control: implications for weight regulation. Human reproduction, 12(6), 1142-1151.

[3] Hormes, J. M., & Niemiec, M. A. (2017). Does chocolate really satisfy cravings? The role of intrinsic and extrinsic cues in food craving regulation. Appetite, 115, 36-42.

[4] Benton, D., Williams, C., & Brown, A. (2002). Impact of consuming a carbohydrate drink on mood and cognition. Neuroscience & Biobehavioral Reviews, 26(3), 293-308.

[5] Parazzini, F., Di Martino, M., & Pellegrino, P. (2017). Magnesium in the gynecological practice: a literature review. Magnesium research, 30(1), 1-7.

[6] Erskine, J. A. (2008). Resistance can be futile: Investigating behavioral rebound. Appetite, 50(2-3), 415-421.

[7] Hampson, E., & Morley, E. E. (2013). Estradiol concentrations and working memory performance in women of reproductive age. Psychoneuroendocrinology, 38(12), 2897–2904.

[8] Andreen, L., Nyberg, S., Turkmen, S., van Wingen, G., Bäckström, T., & Bixo, M. (2009). Sex steroid induced negative mood may be explained by the paradoxical effect of GABAA modulators. Psychoneuroendocrinology, 34(8), 1121-1131.

[9] Durante, K. M., Griskevicius, V., Hill, S. E., Perilloux, C., & Li, N. P. (2011). Ovulation, female competition, and product choice: hormonal influences on consumer behavior. Journal of Consumer Research, 37(6), 921-934.

[10] Doornweerd, A. M., & Gerritsen, L. (2025). 28 days later: A prospective daily study on psychological well-being across the menstrual cycle and the effects of hormones and oral contraceptives. Psychological Medicine, 55, e19.

PART 4 / 12장 | 새벽 3시, 누가 나의 잠을 훔쳐 가는가?

[1] Buckley, T. M., & Schatzberg, A. F. (2005). On the interactions of the hypothalamic-pituitary-adrenal (HPA) axis and sleep: normal HPA axis activity and circadian rhythm, exemplary sleep disorders. The Journal of Clinical Endocrinology & Metabolism, 90(5), 3106-3114.

[2] Afaghi, A., O'Connor, H., & Chow, C. M. (2007). High-glycemic-index carbohydrate meals shorten sleep onset. The American journal of clinical nutrition, 85(2), 426-430.

[3] Ebrahim, I. O., Shapiro, C. M., Williams, A. J., & Fenwick, P. B. (2013). Alcohol and sleep I: effects on normal sleep. Alcoholism: Clinical and Experimental Research, 37(4), 539-549.

[4] Huang, Z. L., Urade, Y., & Hayaishi, O. (2011). The role of adenosine in the regulation of sleep. Current topics in medicinal chemistry, 11(8), 1047-1057.

[5] Drake, C., Roehrs, T., Shambroom, J., & Roth, T. (2013). Caffeine effects on sleep taken 0, 3, or 6 hours before going to bed. Journal of Clinical Sleep Medicine, 9(11), 1195-1200.

[6] Gardiner, C., Weakley, J., Burke, L. M., Roach, G. D., Sargent, C., Maniar, N., Huynh, M., Miller, D. J., Townshend, A., & Halson, S. L. (2025). The effect of alcohol on subsequent sleep in healthy adults: A systematic review and meta-analysis. Sleep Medicine Reviews, 80, 102030.

[7] Broomfield, N. M., & Espie, C. A. (2003). Initial insomnia and paradoxical intention: An experimental investigation of putative mechanisms using subjective and actigraphic measurement of sleep. Behavioural and Cognitive Psychotherapy, 31(3), 313–324.

[8] Morin, C. M., Bootzin, R. R., Buysse, D. J., Edinger, J. D., Hauri, P. J., & Lichstein, K. L. (2006). Psychological and behavioral treatment of insomnia: update of the recent evidence (1998–2004). Sleep, 29(11), 1398-1414.

[9] Ma, X., Yue, Z. Q., Gong, Z. Q., Zhang, H., Duan, N. Y., Shi, Y. T., ... & Li, Y. F. (2017). The effect of diaphragmatic breathing on attention, negative affect and stress in healthy adults. Frontiers in psychology, 8, 874.

PART 4 / 13장 | 최고의 수면 도구는 '빛'과 '체온'

[1] Duffy, J. F., & Czeisler, C. A. (2009). Effect of light on human circadian physiology. Sleep medicine clinics, 4(2), 165–177.

[2] Figueiro, M. G., Steverson, B., Heerwagen, J., Kampschroer, K., Hunter, C. M., Gonzales, K., & Rea, M. S. (2017). The impact of daytime light exposures on sleep and mood in office workers. Sleep health, 3(3), 204-215.

[3] Bailes, H. J., & Lucas, R. J. (2013). Human melanopsin forms a pigment maximally sensitive to blue light ($\lambda max \approx$ 479 nm) supporting activation of Gq/11 and Gs signaling cascades. Proceedings of the Royal Society B: Biological Sciences, 280(1759), 20122987.

[4] Kräuchi, K. (2007). The thermophysiological cascade leading to sleep initiation in relation to phase of entrainment. Sleep medicine reviews, 11(6), 439-451.

[5] Sung, E. J., & Tochihara, Y. (2000). Effects of bathing and hot footbath on sleep in winter. Journal of physiological anthropology and applied human science, 19(1), 21-27.

[6] Haghayegh, S., Khoshnevis, S., Smolensky, M. H., Diller, K. R., & Castriotta, R. J. (2019). Before-bedtime passive body heating by warm shower or bath to improve sleep: A systematic review and meta-analysis. Sleep Medicine Reviews, 46, 124-135.

[7] Chang, A. M., Aeschbach, D., Duffy, J. F., & Czeisler, C. A. (2015). Evening use of light-emitting eReaders negatively affects sleep, circadian timing, and next-morning alertness. Proceedings of the National Academy of Sciences, 112(4), 1232-1237.

[8] Bailes, H. J., & Lucas, R. J. (2013). Human melanopsin forms a pigment maximally sensitive to blue light (λmax≈ 479 nm) supporting activation of Gq/11 and Gs signaling cascades. Proceedings of the Royal Society B: Biological Sciences, 280(1759), 20122987.

[9] Cajochen, C., Frey, S., Anders, D., Späti, J., Bues, M., Pross, A., ... & Wirz-Justice, A. (2011). Evening exposure to a light-emitting diodes (LED)-backlit computer screen affects circadian physiology and cognitive performance. Journal of Applied Physiology, 110(5), 1432-1438.

PART 4 / 14장 | 월요병, 사실은 주말 탓이었다

[1] Wittmann, M., Dinich, J., Merrow, M., & Roenneberg, T. (2006). Social jetlag: misalignment of biological and social time. Chronobiology international, 23(1-2), 497-509.

[2] Roenneberg, T., Allebrandt, K. V., Merrow, M., & Vetter, C. (2012). Social jetlag and obesity. Current Biology, 22(10), 939-943.

[3] Islam, Z., Hu, H., Akter, S., Kuwahara, K., Kochi, T., Eguchi, M., Kurotani, K., Nanri, A., Kabe, I., & Mizoue, T. (2020). Social jetlag is associated with an increased likelihood of having depressive symptoms among the Japanese working population: The Furukawa Nutrition and Health Study. Sleep, 43(1), zsz204.

[4] Koopman, A. D. M., Rauh, S. P., van 't Riet, E., Groeneveld, L., van der Heijden, A. A., Elders, P. J., Dekker, J. M., Nijpels, G., Beulens, J. W., & Rutters, F. (2017). The association between social jetlag, the metabolic syndrome, and type 2 diabetes mellitus in the general population: The New Hoorn Study. Journal of Biological Rhythms, 32(4), 359–368.

[5] Sun, S., Yang, Y., Yu, F., He, Y., Luo, C., Zhang, M., Chen, H., & Tung, T.-H. (2025). Social jetlag and depressive symptoms among young people: A systematic review and meta-analysis. BMC Psychiatry, 25, 664.

[6] Krause, A. J., Simon, E. B., Mander, B. A., Greer, S. M., Saletin, J. M., Goldstein-Piekarski, A. N., ... & Walker, M. P. (2017). The sleep-deprived human brain. Nature Reviews Neuroscience, 18(7), 404-418.

[7] Panda, S. (2016). Circadian physiology of metabolism. Science, 354(6315), 1008-1015.

[8] Jakubowicz, D., Froy, O., Wainstein, J., & Boaz, M. (2012). Meal timing and composition influence ghrelin levels, appetite scores and weight loss in obese women. Steroids, 77(4), 323-331.

PART 4 / 15장 | 기초가 흔들릴 때, 전문가의 손을 잡는 용기

[1] Riemann, D., Spiegelhalder, K., Feige, B., Voderholzer, U., Berger, M., Perlis, M., & Nissen, C. (2010). The hyperarousal model of insomnia: a review of the concept and its evidence. Sleep medicine reviews, 14(1), 19-31.

[2] Harvey, A. G. (2002). A cognitive model of insomnia. Behaviour research and therapy, 40(8), 869-893.

[3] Morin, C. M., Colecchi, C., Stone, J., Sood, R., & Brink, D. (1999). Behavioral and pharmacological therapies for late-life insomnia: a randomized controlled trial. Jama, 281(11), 991-999.

[4] Arendt, J. (2006). Melatonin and human rhythms. Chronobiology international, 23(1-2), 21-37.

[5] Herxheimer, A., & Petrie, K. J. (2002). Melatonin for the prevention and treatment of jet lag. Cochrane database of systematic reviews, (2).

[6] Riedy, S. M., & Williams, S. G. (2025). Jet lag disorder. In CDC Yellow Book: Health information for international travel (2026 ed.). Centers for Disease Control and Prevention; Oxford University Press. Retrieved from https://www.cdc.gov/yellow-book/hcp/travel-air-sea/jet-lag-disorder.html

[7] Erland, L. A., & Saxena, P. K. (2017). Melatonin natural health products and supplements: presence of serotonin and significant variability of melatonin content. Journal of Clinical Sleep Medicine, 13(2), 275-281.

[8] Seyffert, M., Lagisetty, P., Landgraf, J., Chopra, V., Pfeiffer, P. N., & Rogers, M. A. (2016). Internet-delivered cognitive behavioral therapy to treat insomnia: a systematic review and meta-analysis. PloS one, 11(2), e0149139.

[9] Martin, D. J., Garske, J. P., & Davis, M. K. (2000). Relation of the therapeutic alliance with outcome and other variables: a meta-analytic review. Journal of consulting and clinical psychology, 68(3), 438.

[10] Hilbert, A., Hoek, H. W., & Schmidt, R. (2017). Evidence-based clinical guidelines for eating disorders: international comparison. Current opinion in psychiatry, 30(6), 423-437.

PART 5 / 16장 | 밤의 평화를 결정하는 두 번의 기회

[1] Adam, T. C., & Epel, E. S. (2007). Stress, eating and the reward system. Physiology & behavior, 91(4), 449-458.

[2] Leidy, H. J., Ortinau, L. C., Douglas, S. M., & Hoertel, H. A. (2013). Beneficial effects of a higher-protein breakfast on the appetitive, hormonal, and neural signals controlling energy intake regulation in overweight/obese, "breakfast-skipping," late-adolescent girls. The American journal of clinical nutrition, 97(4), 677-688.

[3] Kuwahara, K., Morimoto, H., Kajiura, T., Ishiguro, H., Okuda, N., & Nishi, N. (2022). Effect of different types of lunch on postprandial glycemic response at dinner: A randomized crossover trial. Nutrition & Metabolism, 19(1), 65.

[4] Latner, J. D., & Schwartz, M. (1999). The effects of a high-carbohydrate, high-protein, or balanced lunch upon later food intake and hunger ratings. Appetite, 33(2), 119–128.

[5] Ortinau, L. C., Hoertel, H. A., Douglas, S. M., & Leidy, H. J. (2014). Effects of high-protein snacks on satiety and eating initiation in healthy women. Nutrition Journal, 13(1), 97.

[6] Clow, A., Thorn, L., Evans, P., & Hucklebridge, F. (2004). The awakening cortisol response: methodological issues and significance. Stress, 7(1), 29-37.

[7] Cornelis, M. C., El-Sohemy, A., Kabagambe, E. K., & Campos, H. (2006). Coffee, CYP1A2 genotype, and risk of myocardial infarction. Jama, 295(10), 1135-1141.

[8] Nehlig, A. (2016). Effects of coffee/caffeine on brain health and disease: What should I tell my patients?. Practical Neurology, 16(2), 89-95.

PART 5 / 17장 | 움직임, 최고의 감정 소화제

[1] Reed, J., & Ones, D. S. (2006). The effect of acute aerobic exercise on positive activated affect: A meta-analysis. Psychology of Sport and Exercise, 7(5), 477-514.

[2] Teixeira, P. J., Carraça, E. V., Markland, D., Silva, M. N., & Ryan, R. M. (2012). Exercise, physical activity, and self-determination theory: a systematic review. International journal of behavioral nutrition and physical activity, 9(1), 1-30.

[3] Edwards, M. K., & Loprinzi, P. D. (2018). Experimental effects of brief, single bouts of walking and meditation on mood profile in young adults. Health promotion perspectives, 8(3), 235.

[4] Bratman, G. N., Daily, G. C., Levy, B. J., & Gross, J. J. (2015). The benefits of nature experience: Improved affect and cognition. Landscape and urban planning, 138, 41-50.

[5] Bratman, G. N., Hamilton, J. P., Hahn, K. S., Daily, G. C., & Gross, J. J. (2015). Nature experience reduces rumination and subgenual prefrontal cortex activation. Proceedings of the national academy of sciences, 112(28), 8567-8572.

[6] Vieira, A. F., Costa, R. R., Macedo, R. C., Coconcelli, L., & Kruel, L. F. (2016). Effects of aerobic exercise performed in fasted v. fed state on fat and carbohydrate metabolism in adults: a systematic review and meta-analysis. British Journal of Nutrition, 116(7), 1153-1164.

[7] Adam, T. C., & Epel, E. S. (2007). Stress, eating and the reward system. Physiology & behavior, 91(4), 449-458.

[8] Schmid, S. M., Hallschmid, M., Jauch-Chara, K., Born, J., & Schultes, B. (2008). A single night of sleep deprivation increases ghrelin levels and feelings of hunger in normal-weight healthy men. Journal of Sleep Research, 17(3), 331–334.

PART 5 / 18장 | 마지막 식사, 평온한 밤을 위한 마지막 준비

[1] Ortinau, L. C., Hoertel, H. A., Douglas, S. M., & Leidy, H. J. (2014). Effects of high-protein vs. high-fat snacks on appetite control, satiety, and eating initiation in healthy women. Nutrition journal, 13(1), 1-8.

[2] Hull, S., Re, R., Chambers, L., Echaniz, A., & Wickham, M. S. (2015). A mid-morning snack of almonds generates satiety and appropriate adjustment of subsequent food intake in healthy women. European journal of nutrition, 54(5), 803-810.

[3] Midoh, N., Yang, X., & Ikeda, K. (2011). Effect of the temperature of soup on perceived satiety [Abstract]. Abstracts of the Annual Meeting of the Japan Society of Cookery Science, 23, 182.

[4] Seol, J., Iwagami, M., Kayamare, M. C. T., & Yanagisawa, M. (2025). Relationship among macronutrients, dietary components, and objective sleep variables measured by smartphone apps: Real-world cross-sectional study. Journal of Medical Internet Research, 27, Article e64749.

[5] Duhigg, C. (2012). The power of habit: Why we do what we do in life and business. Random House.

[6] Forde, C. G., & de Graaf, K. C. (2023). Sensory influences on food choice and energy intake: Recent developments and future directions. In C. Spence & B. Piqueras-Fiszman (Eds.), Flavor (2nd ed., pp. 329–362). Woodhead Publishing.

[7] Hobson, N. M., Bonk, D., & Inzlicht, M. (2017). Rituals decrease the neural response to performance failure. PeerJ, 5, e3363.

PART 6 / 19장 | 지도 그리기 제1원칙 – 멈춤의 지혜

[1] Meczekalski, B., Katulski, K., Czyzyk, A., Podfigurna-Stopa, A., & Maciejewska-Jeske, M. (2014). Functional hypothalamic amenorrhea and its influence on women's health. Journal of endocrinological investigation, 37(11), 1049-1056.

[2] Loucks, A. B., Verdun, M., & Heath, E. M. (1998). Low energy availability, not stress of exercise, alters LH pulsatility in exercising women. Journal of Applied Physiology, 84(1), 37-46.

[3] Polivy, J., & Herman, C. P. (2002). Causes of eating disorders. Annual review of psychology, 53(1), 187-213.

[4] Mullington, J. M., Haack, M., Toth, M., Serrador, J. M., & Meier-Ewert, H. K. (2009). Cardiovascular, inflammatory, and metabolic consequences of sleep deprivation. Progress in cardiovascular diseases, 51(4), 294-302.

[5] Jakubowicz, D., Froy, O., Wainstein, J., & Boaz, M. (2012). Meal timing and composition influence ghrelin levels, appetite scores and weight loss in obese women. Steroids, 77(4), 323-331.

[6] Edwards, M. K., & Loprinzi, P. D. (2018). Experimental effects of brief, single bouts of walking and meditation on mood profile in young adults. Health promotion perspectives, 8(3), 235.

PART 6 / 20장 | 지도 그리기 제2원칙 – 균형의 기술

[1] Adam, T. C., & Epel, E. S. (2007). Stress, eating and the reward system. Physiology & behavior, 91(4), 449-458.

[2] Michalsen, A., Schlegel, F., Rodenbeck, A., Lüdtke, R., Huether, G., Teschler, H., & Dobos, G. J. (2003). Effects of short-term modified fasting on sleep patterns and daytime vigilance in non-obese subjects: a pilot study. Annals of Nutrition and Metabolism, 47(5), 194-200.

[3] Cao, Y. Y., Chen, H., Zhang, Y., Wang, Y., Zhang, J., Li, Y., & Li, J. (2025). Gut microbiota variations in depression and anxiety: A systematic review. BMC Psychiatry, 25, 443.

[4] McEwen, B. S., & Wingfield, J. C. (2003). The concept of allostasis in biology and biomedicine. Hormones and Behavior, 43(1), 2–15.

[5] Kim, H. G., Cheon, E. J., Bai, D. S., Lee, Y. H., & Koo, B. H. (2018). Stress and heart rate variability: a meta-analysis and review of the literature. Psychiatry investigation, 15(3), 235.

[6] Williams, D. P., Cash, C., Rankin, C., Bernardi, A., Koenig, J., & Thayer, J. F. (2015). Resting heart rate variability predicts self-reported difficulties in emotion regulation: a focus on different facets of emotion regulation. Frontiers in psychology, 6, 261.

[7] Ryan, R. M., & Deci, E. L. (2000). Self-determination theory and the facilitation of intrinsic motivation, social development, and well-being. American psychologist, 55(1), 68.

[8] Ng, J. Y., Ntoumanis, N., Thøgersen-Ntoumani, C., Deci, E. L., Ryan, R. M., Duda, J. L., & Williams, G. C. (2012). Self-determination theory applied to health contexts: A meta-analysis. Perspectives on Psychological Science, 7(4), 325-340.

[9] Hayes, S. C., Strosahl, K. D., & Wilson, K. G. (2012). Acceptance and commitment therapy: The process and practice of mindful change. Guilford press.

[10] Juarascio, A. S., Forman, E. M., & Herbert, J. D. (2010). Acceptance and commitment therapy versus cognitive therapy for the treatment of comorbid eating pathology. Behavior Modification, 34(2), 175–190.

PART 6 / 22장 | 특별한 지형 탐험하기 – 어떤 삶이든 나를 지키는 법

[1] Kecklund, G., & Axelsson, J. (2016). Health consequences of shift work and insufficient sleep. BMJ, 355.

[2] Zhang, Q., Chair, S. Y., Lo, S. H. S., Chau, J. P. C., Schwade, M., & Zhao, X. (2020). Association between shift work and obesity among nurses: A systematic review and meta-analysis. International Journal of Nursing Studies, 112, 103757.

[3] Brooks, A., & Lack, L. (2006). A brief afternoon nap following nocturnal sleep restriction: Which nap duration is most recuperative? Sleep, 29(6), 831–840.

[4] Creswell, J. D. (2017). Mindfulness interventions. Annual review of psychology, 68, 491-516.

[5] Kang, J., Moser, D. K., Biddle, M. J., Lennie, T. A., Smyth, S. S., & Vsevolozhskaya, O. A. (2020). Inflammatory properties of diet mediate the effect of depressive symptoms on Framingham risk score in men and women: Results from the National Health and Nutrition Examination Survey (2007–2014). Nutrition Research, 74, 78–86.

[6] Saxbe, D. E., Repetti, R. L., & Nishina, A. (2008). Marital satisfaction, recovery from work, and diurnal cortisol patterns in working parents. Health Psychology, 27(1), 15.

The literature review was conducted with the assistance of ChatGPT 5 Pro, which supported reference organization and bibliographic verification. (본 문헌 조사는 ChatGPT 5 Pro의 지원을 받아 수행하였으며, 참고문헌 정리와 서지 정보 확인 과정에 도움을 받았습니다.)